本书为扬州市职业大学优秀教学团队、科研创新团队资助项目
（KYCXTD201901）

# 国际贸易与现代物流发展研究

汤 军 著

北京工业大学出版社

图书在版编目（CIP）数据

国际贸易与现代物流发展研究 / 汤军著 . — 北京 ：
北京工业大学出版社，2021.9（2022.10 重印）
ISBN 978-7-5639-8150-2

Ⅰ．①国… Ⅱ．①汤… Ⅲ．①国际贸易－研究②国际
物流－研究 Ⅳ．① F74 ② F259.1

中国版本图书馆 CIP 数据核字（2021）第 201534 号

## 国际贸易与现代物流发展研究

GUOJI MAOYI YU XIANDAI WULIU FAZHAN YANJIU

著　　者：汤　军
责任编辑：刘　蕊
封面设计：知更壹点
出版发行：北京工业大学出版社
　　　　　（北京市朝阳区平乐园 100 号　邮编：100124）
　　　　　010-67391722（传真）　 bgdcbs@sina.com
经销单位：全国各地新华书店
承印单位：三河市元兴印务有限公司
开　　本：710 毫米 ×1000 毫米　1/16
印　　张：10.5
字　　数：220 千字
版　　次：2021 年 9 月第 1 版
印　　次：2022 年 10 月第 2 次印刷
标准书号：ISBN 978-7-5639-8150-2
定　　价：60.00 元

## 作者简介

汤军，男，1976 年 11 月出生，江苏省扬州市人，南京理工大学工商管理硕士，现为扬州市职业大学物流管理教研室讲师，主持完成江苏省高校哲学社会科学项目一项、扬州市社科联重点项目多项，指导完成江苏省大学生创新创业训练计划项目一项，发表论文十余篇。

# 前　言

　　伴随着全球经济的发展，现代科技越来越发达，经济全球化、信息化的趋势更加显著。物流业发展至今，在内涵和外延方面都发生了巨大变化。国际贸易的发展离不开现代物流，现代物流更少不了国际贸易的支持，二者息息相关。本书着力于介绍现代物流的发展现状及其对国际贸易的影响，提出了合理的建议，以便现代物流更好地为国际贸易服务，同时介绍了我国现代物流的发展历程，阐述了现代物流与国际贸易的良性发展趋势，提出了在当前国际贸易发展的环境下快速发展现代物流的建议，以期为国际贸易与现代物流的健康发展提供有价值的参考。

　　本书第一章为新时期我国国际贸易发展，分别介绍了国际贸易概述及发展趋势、我国国际贸易发展历程和现状、我国国际贸易的结构与方式、新时期我国国际贸易发展策略四个方面的内容；第二章为现代物流发展，主要介绍了物流的定义及发展历史、现代物流的主要特征、现代物流的发展模式、现代物流的发展方向、我国现代物流的发展状况五个方面的内容；第三章为现代物流发展与国际贸易的关系，介绍了现代物流与国际贸易的关系、我国现代物流对国际贸易发展的影响、合理处理现代物流与国际贸易关系的方法、在国际贸易中发展现代物流的路径四个方面的内容；第四章为国际贸易环境下现代物流发展的趋势和对策，介绍了国际贸易环境下现代物流的发展趋势、国际贸易环境下现代物流发展的对策两个方面的内容；第五章为电子商务时代国际贸易与现代物流的新发展，主要介绍了电子商务概述及发展历程、电子商务的主要内容、电子商务时代国际贸易的发展、电子商务时代现代物流的发展四个方面的内容。

　　在撰写本书的过程中，作者得到了许多专家学者的帮助和指导，参考了大量的学术文献，在此表示真诚的感谢。本书内容系统全面，论述条理清晰、深入浅出。但由于作者水平有限，书中难免会有不足之处，希望读者朋友们及时指正。

# 目 录

# 第一章　新时期我国国际贸易发展

本章的主要内容为新时期我国国际贸易发展，分别介绍了国际贸易概述及发展趋势、我国国际贸易发展历程和现状、我国国际贸易的结构与方式、新时期我国国际贸易发展策略四个方面的内容。

## 第一节　国际贸易概述及发展趋势

### 一、国际贸易概述

#### （一）国际贸易的含义

国际贸易一般是指国家（或单独关税区）与国家之间商品与服务的交换活动，是各国间劳动分工的表现形式，也是国际经济联系的主要形式和基本内容，反映了世界各国在经济上的相互联系与依赖。国际贸易的内涵随着国际贸易的发展而发展，最初传统的国际贸易由有形商品的交换即货物贸易构成，之后随着人类社会的发展和生产力水平的提高，以劳务的输出和输入、技术转让、工程承包、运输、保险、旅游等为交易内容的服务贸易也被纳入国际贸易的范畴。现代国际贸易的领域不仅仅涉及纯粹的有形贸易和无形贸易，一种跨越两者之间的贸易形式——知识产权贸易已成为国际贸易的又一重要组成部分。国际贸易反映了各国之间的分工，反映了世界各国或地区在经济上的相互依赖和相互联系。

从某一个国家或地区的角度看，一国或地区与其他国家或地区的商品与服务的交换活动，就被称为国际贸易。有些海岛国家或地区，如英国、日本等，其国际贸易常被称为海外贸易。从全球的视角来看，人们往往把各国国际贸易的总和称为世界贸易。

国际贸易的概念有狭义与广义之分。狭义的国际贸易是指国家之间的商品进出口，也就是一国从他国进口商品用于本国国内的生产和消费，或者向他国出口本国的商品。广义的国际贸易除了商品的进出口以外，还包括服务贸易，也就是各国在运输、保险、旅游、通信、技术、劳务输出等方面相互提供服务。

我们可以从三个层次来理解国际贸易。第一个层次是国际贸易发生的主体地域范围——国与国之间，当然也包括单独关税区之间或国家与单独关税区之间。第二个层次是国际贸易涉及的交换内容包括商品和服务。第三个层次是国际贸易发生的制度环境。与国内贸易相比，国际贸易不仅涉及不同货币的兑换，且受制于国际通行规则，而非一国的国内贸易规则。

## （二）国际贸易的特点

国际贸易和国内贸易都是商品和服务的交换，交换过程和货物流向大致相同，经营目的也都是取得利润等。经济利益但作为国际商品和服务的交换，国际贸易有以下几个特点。

### 1. 国际贸易复杂程度比较高

（1）各国的货币与度量衡差别很大

在国际贸易中，应采用何种货币计价？两种货币如何兑换？各国度量衡不一致时如何换算？这些问题都需要提前规定好。因此，国际贸易比国内贸易复杂。

（2）商业习惯复杂

各国市场商业习惯不同，怎样进行沟通？国际贸易中的规约与条例解释是否一致？这些问题在国际贸易中需要格外注意，稍有不慎，便会影响贸易的进行。

（3）海关制度及其他贸易法规不同

各国都设有海关，对于货物进出口都有许多规定。货物出口不但要在输出国家输出口岸履行报关手续，而且出口货物的种类、品质、规格、包装和商标也要符合输入国家的各种规定。

（4）国际汇兑复杂

国际贸易货款多以外汇支付，而汇率依照各国采取的汇率制度、外汇管理制度而定，导致国际汇兑相当复杂。

（5）货物的运输与保险

国际贸易运输，一要考虑运输工具，二要考虑运输合同的条款、运费、承运人与托运人的责任，还要办理装卸、提货手续。为避免国际货物在运输过程中受到损失，还要对运输货物加以保险。

另外，各国在国际贸易中的约定和惯例的具体解释是否一致、适用范围如何确定、贸易纠纷如何解决等问题，都需要进行协商并签订合同加以约束和规范，这就使国际贸易复杂化。

### 2. 国际贸易难度比较大

（1）语言不同

语言是从事国际贸易活动首先遇到的障碍。世界各国的语言文字十分复杂，据统计，世界上使用人数超过5 000万的语言有13种，其中英语的使用范围最广，有30多个国家将其作为官方语言。英语也是当今国际贸易活动中各国间最通行的商业语言。如果不能克服语言上的障碍，国际贸易活动将很难开展，即使制订出宏伟的国际贸易规划，也只能是纸上谈兵，得不到贯彻和落实。

（2）法律、风俗习惯不同

各个国家和民族的风俗习惯、宗教信仰及价值观念都有很大差别，这也会对国际贸易活动产生一定程度的影响。比如，各国对于商品外形、商品包装和商标所显示出的颜色、数字及复杂的图形有着非常不同的好恶，这使在甲国非常畅销的商品，到了乙国就可能由于各种原因而滞销。

（3）贸易障碍多

世界各国的语言、文化传统、风俗习惯、宗教信仰和法律不同，造成国际贸易的障碍，加上各国消费习惯不同，存在各种偏爱和禁忌以及法律规范上的差异，这些都造成了从事国际贸易的难度较大。同时，人们在开拓国际市场、进行调查研究、选择目标市场和销售渠道、寻找贸易伙伴、了解资信状况等方面的难度也比较大。各国在国际贸易的政策措施方面有具体规定，也都会构成国际贸易的各种障碍。

### 3. 国际贸易风险比较大

国际贸易涉及面广、交易量大、程序较复杂、中间环节多，面临着较大的风险。

（1）信用风险

国际贸易的进出口商从接洽开始，经过报价、还价，确认后订立合同，再到出口商交货、进口商支付货款，需经过一段较长的时间。在此期间，交易双方可能因经营状况发生变化而不能履约，如可能因经济危机或严重自然灾害导致出口商破产不能按时交货，或因类似原因导致进口商倒闭不能按时付款。

（2）商业风险

在国际贸易中，进口商往往以各种理由拒收货物，对出口商来说就存在商业风险。拒收理由多数是货物不符、交货期晚、单证不符等。这些理由在货物遭到拒收前是无法确定的。在货物被拒收后，虽可交涉弥补，但损失已产生。

（3）汇兑风险

国际贸易的买卖双方必有一方要以外币计价。但外汇汇率不断变化，如掌握不好，有一方就要负担汇兑亏损。如果卖方以汇率看跌的货币计价，而商品价格又没有适当提高，就要吃亏；反之，如果买方以汇率看涨的货币计价，而商品价格又没有适当降低，就要吃亏。

（4）价格风险

出口商与进口商在签订合同后，在出口商进货前，如果货物价格上涨，出口商就要承担价格风险。在进口商接货后，如果该货物价格下跌，进口商就要承担价格风险。国际市场价格瞬息万变，国际贸易多数是大宗买卖，因此，国际贸易的进出口商必须承担比国内贸易更大的价格风险。

（5）运输风险

国际贸易货物运输里程一般比国内贸易长，因此，在运输途中发生损失的风险比国内贸易大。承担风险的有卖方、买方和保险公司。

## 二、国际贸易的发展趋势

奴隶社会和封建社会由于生产力水平较低，社会分工不发达，自然经济占据统治地位，因此，国际贸易发展缓慢，国际商品交换只是个别的、局部的现象，还不存在真正的世界市场。

14到15世纪，西欧出现了资本主义生产关系的萌芽，意大利北部的威尼斯、热那亚、佛罗伦萨等城市以及波罗的海和北海沿岸的汉萨同盟诸城市，都已成为欧洲的贸易中心。15世纪末16世纪初，随着资本主义生产关系的发展、地理大发现以及海外殖民地的开拓，国际贸易的范围不断扩大，逐渐形成了区域性的国际商品市场。18世纪60年代到19世纪60年代，以蒸汽机为代表的科学技术获得了较大的发展。英国及其他欧洲先进国家和美国相继完成了工业革命。资本主义生产从工厂手工业过渡到机器大工业，并形成了一种同机器大工业中心相适应的国际分工体系，加上机器大工业提供了现代化的交通、通信工具，把世界联结成一个整体，形成世界市场，大大促进了国际交换的发展。国际交换和国外投资的发展，逐步形成了适应资本主义生产方式的国际货币体系，最后形成了资本主义经济体系和相应的经济秩序，这些为国际贸易的发展奠定了基础。到了 21 世纪，信息技术、新科技革命的迅猛发展，经济全球化以及全球性产业结构调整步伐加快，国际竞争更加激烈。面对国际经济形势的重大变化，当代国际贸易的发展也表现出一系列的新趋势：国际贸易结构高级化、国际贸易区域化、国际贸易利益分配两极化、信息贸易化、贸易信息化以及国际贸易关系协调化。

## （一）国际贸易的产生

国际贸易属于历史范畴，它是随着历史的推移和人类社会的进步而发展起来的，是人类社会发展到一定阶段的产物。

国际贸易起源于原始社会，但并非是原始社会与生俱来的。在原始社会初期，人类社会处于自然分工状态，生产力水平极低，人类劳动所得的产品仅能维持当时的氏族公社成员最基本的生存需要。因此，那时没有剩余产品用于交换，也不存在国际贸易。而到了原始社会末期，出现了人类历史上第一次社会大分工，即畜牧业从农业中分离出来，畜牧业从事牲畜的驯养和繁殖，不仅能满足本部落的需求，还出现了少量的剩余产品，于是在氏族公社、部落之间出现了最早的剩余产品的交换。这种交换已经具备了社会分工的雏形，带有了贸易的性质。此外，由于氏族公社、部落之间的简单物物交换一般都是由首领或者酋长来直接进行的，而交换所得也逐渐被他们私人占有，这便产生了私有制。社会分工和私有制促进了交换，而交换又反过来推动了社会分工和私有制的发展。随着社会生产力的继续发展，人类社会出现了第二次大分工，手工业从农业中彻底分离出来。于是就出现了以交换为目的的生产活动，大大地促进了生产力的发展，加速了生产资料的私有化和商品生产的发展。伴随着这种交换的发展，货币产生了。货币的产生使商品交换由最初的物物交换变成以货币为媒介的交换，商品流通规模进一步扩大，这样就产生了专门从事商品交换活动的商人，出现了人类历史上第三次社会大分工——商业与农业的分离。原始社会末期产生了阶级和国家，商品流通也随之扩大到更广的范围，并超出了国界，国际贸易由此产生。可见，商品生产和交换的范围扩大、商人和商业的出现以及国家的形成，使国际贸易应运而生。

在漫长的发展过程里，社会生产力的发展使手工业从农业中分离出来成为独立的部门，形成了人类社会第二次大分工。手工业的出现产生了以交换为目的的生产——商品生产。当产品是为满足其他人的需要而生产时，商品交换就逐渐成为一种经常性的活动。随着商品生产和商品交换的扩大，货币出现了，于是，商品交换就成了以货币为媒介的商品流通，进一步促进了私有制和阶级的形成。随着商品交换的日益频繁和交换范围的不断扩大，专门从事贸易的商人产生了。第三次社会大分工使商品生产和商品流通范围进一步扩大。商品生产和商品流通更加频繁，范围更加广泛，阶级和国家相继形成。于是，到原始社会末期，商品流通开始超越国界，这就产生了国际贸易。

人类社会的三次大分工，每次都促进了社会生产力的发展和剩余产品的增加，同时也促进了私有制的发展和奴隶制的形成。在原始社会末期和奴隶社会初期，随着阶级和国家的出现，商品交换超出了国界，国家之间的贸易便产生了。由此可见，在社会生产力和社会分工发展的基础上，商品生产和商品交换规模的扩大以及国家的形成，是国际贸易产生的必要条件。

国际贸易的产生必须具备两个条件：一是社会生产力的发展产生了可供交换的剩余产品以及由此促进的商品生产与商品交换规模的扩大；二是国家的形成。可以说，社会生产力的发展和社会分工的扩大是国际贸易产生和发展的基础。

### （二）国际贸易的发展动因

1. 生产方式的要求

（1）资本主义生产方式确立的基础

资本主义生产方式确立的基础有两个：一是要有大批拥有人身自由的劳动力，他们丧失了一切生产资料，只能依靠出卖劳动力生活；二是要有建立资本主义企业所必需的大量货币财富。在这两个条件的形成过程中，国际贸易促进了自然经济的瓦解和商品经济的发展，使小生产者分化破产，为资本主义提供了被迫出卖劳动力的雇佣劳动者。同时，最初海盗式的国际贸易，使资本家掠夺了大量黄金、白银，为资本主义企业的产生准备了必要的财富。

（2）资本主义生产方式发展的产物

资本主义生产方式确立以后，这种生产方式的内在要求又决定了资本主义国家离不开国际贸易。主要体现在以下几点：

①追求利润和利润最大化的需要。从资本主义生产目的来看，追求利润是资本主义的内在要求和动力。投入国际贸易的资本能够获取更多的利润，这促使资本家开拓国外市场，发展国际贸易。

②解决国民经济发展不平衡问题的机制。从资本主义再生产来看，国民经济各部门的发展是不平衡的，这要求国际贸易形成国际分工来进行调节。

③缓和或转嫁经济波动、衰退和危机的途径。从资本主义的基本矛盾来看，

经济波动、衰退和危机是不可避免的，而国际贸易是缓和或转嫁经济波动、衰退和危机的重要途径。

④构筑资本主义经济体系的渠道。国际贸易使资本主义经济规律扩展到世界范围，把经济发展水平不同的国家结合起来，形成世界市场和世界货币。

**2. 经济发展阶段的差异**

美国经济学家沃尔特·罗斯托（Walt Rostow）把世界各国的经济成长划分为六个阶段，即传统社会阶段、起飞准备阶段、起飞进入自我持续增长阶段、成熟阶段、高额群众消费阶段、追求生活质量阶段。世界各国所处阶段不同，所生产产品的种类、等级与性质也有差异，导致分工的不同。基于各国经济活动给各种产品带来的供给与需求的差异，各国间需要进行国际贸易。

**3. 各国经济资源禀赋不同**

由于历史、自然和社会等方面的因素，生产产品所需的生产要素，诸如人力、资本、土地、管理等，在世界各国分配不均衡，为保持经济的持续发展和满足人民群众的不同需求，各国需要开展国际贸易。

**4. 各国之间生产要素缺乏流动性**

在国家存在的前提下，由于自然、政治和社会等原因，生产要素不像在国内那样能够自由流动，所以需要通过货物和服务贸易替代国家间生产要素的流动。

**5. 经济全球化与规模经济**

经济全球化是指以市场经济为基础，以先进科技和生产力为手段，以发达国家为主导，以利润和经济效益最大化为目标，通过贸易、分工、投资实现世界各国市场和经济相互融合的过程。在经济全球化的背景下，世界各国的市场日益融为一体，这使企业在更大的市场上参与竞争。为了充分地获得规模经济效益，分工和国际贸易变得日益重要。

**6. 需求偏好差异**

当人们收入提高，解决了温饱问题以后，生活方面的需求变得日益多样化，这也促进了国际贸易的发展。

## （三）国际贸易的发展过程

**1. 奴隶社会时期的国际贸易**

奴隶社会制度最早出现在古代东方国家。奴隶社会的主要特征是奴隶主占有生产资料和奴隶；奴隶没有人身自由，终生为奴；实行奴隶主阶级专政，拥有维护奴隶主阶级利益的完备的国家机器。

奴隶社会是以奴隶主占有生产资料和奴隶为基础的社会。自然经济占统治地位，生产的目的主要是消费，商品生产在整个生产中只占一小部分，进入流通领域的商品数量少，范围也受限制，因而以交换为目的的商品生产在整个社会经济中微不足道。

公元前 2000 年前，人类进入奴隶社会，由于水上交通便利，地中海沿岸的国家之间已经开始了国际贸易活动，出现了腓尼基、迦太基、亚历山大、希腊和罗马等贸易中心。从国际贸易的商品构成来看，奴隶是当时欧洲国家对外交换的主要商品之一，希腊的雅典就是当时贩卖奴隶的一个中心。此外，奴隶社会落后的生产力决定了进入国际贸易的商品种类很少，贸易的主要商品是奴隶主阶级所需的奢侈品，如宝石、装饰品、香料等。参与国先后集中在地中海和黑海沿岸地区从事贸易活动。在亚洲，中国和印度的商业相对发达，但由于受当时地理环境的限制，贸易主要发生在城市之间。

这种外贸商品的构成，不仅反映了奴隶社会的特征，也反映了这一时期国际贸易在社会经济生活中的地位。这一时期国际贸易还处于萌芽状态，加之生产技术落后，交通工具简陋，其作用和影响不是十分显著。但是，国际贸易促进了许多国家社会生产的进步，推动了手工业的发展，并处于逐步扩大影响范围的过程中。

2. 封建社会时期的国际贸易

在封建社会阶段，受自给自足的自然经济的约束，国际贸易的发展速度并不快，但与奴隶社会相比，国际贸易的地域范围以及商品范围都有所拓展。在欧洲封建社会的早期阶段，国际贸易活动除了必需品交易之外就是奴隶买卖，贸易中心曾发生多次转移。早期国际贸易频繁开展的中心位于地中海的东部。7 到 8 世纪，阿拉伯各国成为国际贸易的中心，11 世纪后，随着意大利北部和波罗的海及黑海沿岸城市的兴起，国际贸易的中心又逐渐转向欧洲。

到封建社会中期，商品生产取得了一定进展，封建地租由劳役和实物形式逐渐转变为货币形式，加之基督教在西欧十分盛行，教会拥有至高无上的权力，通过促进国际贸易的发展来获取和维护自身利益，使商品经济得到进一步的发展。

到封建社会后期，城市的兴起和手工业的发展，促进了社会经济的进步，并使国际贸易有了进一步的发展，交易品从香料和奢侈品扩展到葡萄酒、羊毛和金属制品等。

与西方国家相比，我国的国际贸易发展较早。早在西汉时期，我国就开辟了从新疆经中亚通往中东和欧洲的"丝绸之路"，中国商人把中国的茶叶、丝绸等商品，火药、罗盘等发明和手工业技术输往欧洲，并将亚洲、欧洲各国的土特产品和优良种子运输到中国。唐朝的国际贸易又有了进一步的发展，开辟了通往朝鲜和日本等国家的海上贸易。到明朝时，郑和七次下西洋，带领商队经东南亚、印度洋到达非洲东海岸，途经三十多个国家和地区，把中国的丝绸、瓷器等运往国外，换回了香料、象牙、宝石等国外特产，扩大了国际贸易范围。而正是通过国际贸易，我国伟大的科技成果传播到世界各地，同时亚洲和欧洲各国的特产也输入中国。

封建社会仍然是自然经济占统治地位，社会分工水平不高，商品经济发展不充分，贸易在社会经济中的地位并不重要，还只是人们经济生活中的补充。各国的国内贸易在经济生活中的地位仍不高，国际贸易的地位则更低，各地区之间的贸易存在局部性和不稳定性。直至资本主义社会时期，机器大工业建立，国际贸易才有了长足的发展。

**3. 资本主义时期的国际贸易**

在资本主义生产方式下，在社会大生产的物质技术基础上，国际贸易获得了广泛的发展并真正具有了世界性，在各国国民经济中开始占有重要地位。

**（1）资本主义生产方式准备时期的国际贸易**

16 到 18 世纪中叶是西欧各国资本主义生产方式的准备时期，是资本原始积累和工场手工业发展的黄金时期。在这一时期，工场手工业的发展使劳动生产率得到提高，商品生产和商品交换得到进一步发展，这为国际贸易的扩大提供了物质基础。这一时期的"地理大发现"使西欧各国纷纷走上了向亚洲、美洲和拉丁美洲扩张的道路。长达两个世纪的殖民扩张和殖民贸易更是加速了资本的原始积累，促使世界市场初步形成，从而扩大了世界贸易的规模。

"地理大发现"发生于 15 世纪末。意大利人哥伦布率领的西班牙船队于 1492 年发现了美洲新大陆。达·伽马率领的葡萄牙船队于 1497 年绕过好望角，在 1498 年到达印度西南部，打通了欧洲通往印度的新航路。麦哲伦率领的西班牙船队在 1519 年经过大西洋，之后横渡太平洋并于 1521 年到达亚洲的菲律宾群岛。随后，欧洲国家相继开辟了新航道，发现了大片欧洲人从未到过的新土地。

"地理大发现"直接导致了对海外殖民地的开拓。15 世纪末，葡萄牙已占领了非洲西海岸的大批土地，大肆掠夺黄金、象牙和黑人奴隶。随后，西班牙先后用武力占领了除巴西和圭亚那之外的整个中南美洲。15世纪末16世纪初，荷兰也加入了殖民扩张的行列。继葡、西、荷之后成为殖民地大国的是英国和法国，分别于1600年和1664年成立了"东印度公司"。17世纪末，英国夺得海上霸权，在国际贸易中占据了主导地位。此外，"地理大发现"还导致了国际贸易中心的转移，伊比利亚半岛上的里斯本、塞维利亚，大西洋沿岸的安特卫普、阿姆斯特丹、伦敦等地取代了远离大西洋海上商路的威尼斯、亚历山大和君士坦丁堡，成为国际贸易中心。国际贸易中的商品结构也开始发生转变，工业原料和城市居民消费品的比重上升，一些从未进入欧洲市场的新商品，如烟草、可可、咖啡和茶叶等，都加入到国际商品的流通范围中。可见，"地理大发现"及由此产生的殖民扩张对国际贸易的发展产生了深远的影响。第一，"地理大发现"后，欧洲大批殖民者涌向美洲、非洲和亚洲，使资本原始积累和贸易范围扩大的速度加快。第二，新大陆的开辟使欧洲各国的海外市场领域扩大了。西欧国家的国际贸易已扩展到亚洲、非洲和拉丁美洲等地区。第三，国际贸易的商品种类、数量和金额迅速增加。第四，产生了一批新型商业机构。西欧各国设立了垄断海外贸易的特权公司、商品和证券交易所、银行、海运公司等，成为海外殖民者掠夺和增加原始积累的重要工具。可见，这一时期贸易的主要方式是暴力控制下的殖民贸易，显示出资本原始积累的一些特征，殖民主义者用武力、欺骗等手段实行掠夺性的贸易，把广大殖民地国家卷入国际贸易中，对于资本主义生产方式的形成起到了重要的促进作用。同时，从整体上来说，这一时期参加国际贸易活动的国家和民族迅速增加，使国际贸易范围空前扩大，交换的商品种类和数量增加，从而开始了真正意义上的世界贸易。

（2）资本主义自由竞争时期的国际贸易

18世纪后期至19世纪中叶是资本主义的自由竞争时期，这一时期欧洲国家先后发生了工业革命和资产阶级革命，资本主义机器大工业得以建立并广泛发展。而机器大工业的建立和发展，一方面使社会生产力水平有了巨大的提高，商品产量大大增加，可供交换的产品空前增多，真正的国际分工开始形成；另一方面使交通运输和通信网络发生了巨大的变革，推动了国际贸易的发展。

16到18世纪，随着殖民地的扩张和各国之间贸易的发展，西欧各国的经济发生了很大的变化。一方面，西欧各国基本完成了资本的原始积累，为资本主义的发展奠定了基础；另一方面，海外市场不断扩大，这一点对欧洲来说非常重要。在与亚洲的贸易中，欧洲一直处于逆差状态。欧洲产品在亚洲一直没有市场，而美洲市场的出现使欧洲的贸易不平衡状况大大得到了改善。当时的美洲主要是欧洲的殖民地，欧洲移民到了美洲以后需要大量的食物、酒、油、金属制品、枪支、火药和毛麻制品，从而大大刺激了欧洲的工业生产。欧美之间的贸易大大促进了欧美国家以分工交换为基础的市场经济的形成。欧美国家逐渐形成了资本主义的生产关系，并先后发生了工业革命。

18世纪60年代，英国改良蒸汽机的发明标志着工业革命的开始。欧洲建立了大机器工业，生产力迅速提高，社会产品大大增加，国际分工开始形成。当时的英国是全世界最大的殖民帝国，殖民地的贸易以惊人的速度增长。用于殖民地开发的斧子、钉子、枷锁、铁链以及武器的需求大大促进了英国炼铁工业的发展，继而推动了炼铁所用的煤炭的开采。对棉纺织品的需求也刺激着纺织工业的技术革新。需求的快速增长导致一系列发明被应用到实际业务中。例如，在采矿业中，1783年，英国著名的康沃尔采矿中心的所有纽可门蒸汽机几乎全部被瓦特蒸汽机所取代。在纺织业中，1785年，英国建立了第一座蒸汽机纺织厂。自此之后，在法国、德国、荷兰、瑞典等国家，都先后实现了由工场手工业转变为机器大工业的生产方式的大变革。由于这种变革，整个社会生产面貌也为之一新。在瓦特蒸汽机革新成功之后，第一次工业革命以更加迅猛的声势向前发展。

工业革命后，资本主义进入了自由竞争时代，机器大工业需要扩大销售市场，大量商品需要被输送到世界市场，并将原材料、食品等运往国内。商品种类繁多，结构变化快，大宗商品，如茶叶、香料、丝绸等，在贸易中的比重下降，纺织品贸易迅速增长。另外，粮食、煤炭、钢铁等商品的贸易有了较大的发展。贸易方式也随之进步，各种信贷关系发展起来，银行业、保险业在国际贸易中得到了广泛的应用。

国际贸易使资本主义商品形式的生产扩大到世界范围内。国际贸易的发展以及国际分工的深化，形成了这些国家对国际贸易的依赖——生产原料的来源和产品的销售都需要国际市场的支持。国际贸易的发展把生产水平高的国家和生产水平低的国家都卷入了国际商品交换领域。

### 4. 第二次世界大战后的国际贸易

人类历史上经历了两次世界大战，大大削弱了欧洲各国的经济和军事实力，也极大地影响了国际贸易。第一次世界大战后，世界贸易缩减了40%；第二次世界大战后，世界经济又一次发生了巨大的变化。之后，国际贸易出现了飞速增长，20世纪后半叶，全球的商品出口总值从610亿美元增加到61 328亿美元，增长了将近100倍。

第二次世界大战后美国的经济地位下降，西欧国家和日本的经济力量迅速增长，亚、非、拉地区的殖民地和半殖民地国家相继独立。不同类型的国家在统一的世界市场上相互依存和竞争，这种世界经济格局影响着国际贸易的发展。其主要原因有以下几个方面。第一，战后国际社会进入了较长的和平时期。西方各国经历了两次大战的洗礼，不愿再次轻易卷入战争。国际组织的建立和政治经济军事联盟的成立降低了战争爆发的可能性。欧洲联盟（以下简称"欧盟"）与东南亚国家联盟（以下简称"东盟"）两个经济集团的建立使经济竞争日益激烈，在一定程度上推动了世界经济的发展。第二，在第三次科技革命的推动下，国际分工和生产国际化得到了进一步深化，世界经济飞速增长。战后以美国为先导出现了以原子能、电子、合成材料为代表的新科技革命，这场新科技革命产生了一系列新产业，如原子能工业、半导体工业、石油等。这些新兴产业的诞生和发展一方面意味着新的工业产品的出现，国际贸易产品更加丰富，制成品成为国际贸易产品中的重心；另一方面意味着国际分工日益深入。经济发达国家在新兴产业发展的同时，传统产业相对衰落，国际贸易的必要性增强。随着互联网的发展，信息产业革命为现代贸易提供了新的信息交流平台和交易方式。第三，国际经济秩序得到了显著发展和改善。19世纪末20世纪初，西方国家为了争夺资源和市场，纷纷实行贸易保护主义，不断出现的关税战、贸易战，影响了经济与贸易的发展，甚至导致战争的爆发。战后，各国以经济的长远发展为重心，决心建立国际经济新秩序。以布雷顿森林货币体系为基础的国际货币体系相对稳定，有利于国际贸易的发展。1995年世界贸易组织的成立为关税的降低以及贸易纠纷的解决建立了国际规范，为国际贸易的发展提供了一个相对稳定、公正和自由的环境。

"二战"后国际贸易领域出现了两个不同于以前的特征：服务贸易的快速发展和电子商务的广泛应用。"二战"后，伴随着第三次科技革命，世界各国尤其是发达国家产业结构不断优化，第三产业迅速发展，加上资本国际化和国际分工扩大化，国际服务贸易得到迅速发展。发达国家服务业的比重占其国内生产总值的2/3，其中美国已达3/4，发展中国家服务业所占比重也达1/2。发达国家服务业就业人数的比重占其总就业人数的2/3，发展中国家的这一比重达1/3。随着服务业的发展，其专业化程度日益提高，经济规模不断扩大，从而效率也不断提高，为国际服务贸易打下了坚实的基础。在国际贸易商品结构不断变化的过程中，国际贸易的交易手段也在发生变化。特别是20世纪90年代，随着信息技术的发展，信息、计算机等高科技手段在国际贸易上的应用，出现了电子商务这种新型的贸易手段，无纸贸易和网上贸易市场的发展方兴未艾。电子数据交换（EDI）已经引起了全球范围内的结构性商业革命，有人声称，没有EDI，就没有订单。据统计，EDI使商务文件传递速度提高81%，文件成本降低44%，文件处理成本降低38%，由于错误传递信息造成的商贸损失减少40%，市场竞争能力则提高34%。利用国际互联网络的网上交易量也呈逐年上扬的势头，电子商务的蓬勃发展为企业生存注入了强大的活力。

## （四）国际贸易的发展态势

### 1. 国际贸易发展速度超过历史水平

世界范围内商品出口增长率1870—1913年为3.40%，1913—1950年为0.90%，1950—1973年为7.88%，1973—1998年为5.07%，1998—2000年为6.7%，2000—2005年为10.0%。第二次世界大战结束到2005年的商品出口增长率都超过历史水平。

### 2. 发达国家一直是国际贸易的主体

1950—2000年，发达国家在世界货物出口贸易中的比重一直占60%以上，即使受金融危机影响有所下降，也占到一半以上。同期发展中国家的这一比重基本处于上升状态，金融危机后至2014年逐渐上升到44.65%（如表1-1-1所示）。

表1-1-1　"二战"后不同发展水平国家在世界货物出口贸易中的比重（%）

| 年份<br>国家类型 | 1950 | 1960 | 1970 | 1980 | 1990 | 2000 | 2006 | 2013 | 2014 |
|---|---|---|---|---|---|---|---|---|---|
| 发达国家 | 62.82 | 70.76 | 76.36 | 66.18 | 72.50 | 65.70 | 58.71 | 50.87 | 51.33 |
| 发展中国家 | 34.02 | 24.50 | 19.08 | 29.65 | 24.12 | 31.91 | 37.54 | 44.78 | 44.65 |
| 经济转型国家 | 3.16 | 4.75 | 4.55 | 4.17 | 3.39 | 2.39 | 3.75 | 4.35 | 4.02 |

在国际服务贸易中，发达国家也占绝对比重，而且高于它们在世界货物出口贸易中的比重。

### 3. 国际分工向纵深发展

在第二次世界大战后，国际分工向纵深发展，其特点如下。第一，参加国际分工的国家遍及世界，形成了世界性的分工。第二，水平型分工成为国际分工的主要形式。第三，国际分工从产业间分工向产业内部发展，出现了产业内部分工和产品内部分工。第四，国际分工从货物分工向服务业领域发展，且随着服务业的发展，国际服务业分工也在发展。第五，在第二次世界大战前，发达国家处于国际分工的中心，而其他国家处于国际分工的外围。在第二次世界大战后，随着经济的发展，发展中国家中的新兴工业化国家和地区地位提升。第六，国际分工机制转变为以主权国家为主，通过价值规律作用，以跨国公司全球生产体系和资本国际化的方式进行。

### 4. 国际贸易结构向高科技、服务业发展

在世界货物出口贸易中，工业制成品贸易所占比重不断攀升，从 1953 年的 50.3% 上升到 2012 年的 64.1%。2012 年，高新技术产品在整个世界制成品出口中的比重已经达到 17.56%。国际服务贸易在整个国际贸易中的比重从 1985 年的 16.1% 提高到 2012 年的 20%。

### 5. 国际贸易依存度不断提高

《世界经济千年史》的作者按 1990 年的价格计算了世界主要地区商品出口占国内生产总值的比重。其中，世界范围内这一比重的平均值 1950 年为 5.5%，1973 年为 10.5%，1998 年为 17.2%。世界银行发布的《世界发展指标》显示，世界货物出口贸易依存度从 1990 年的 31.68% 提高到 2012 年的 50.82%，国际服务贸易依存度同期从 7.5% 提高到 11.86%。

### 6. 跨国公司成为国际贸易的重要角色

当今的全球经济是以全球价值链为特点的，在这一链式系统中，中间产品和服务的交易被分割且分散在各国的生产工序中进行。全球价值链通常由跨国公司协调，投入和产出的跨界交易在其子公司、合同伙伴及正常供应商形成的网络中进行。全球价值链中的增加值贸易形态决定着贸易产生的实际经济收益在各经济体之间的分配。此种形态在很大程度上为跨国公司的投资决定所左右。

### 7. 科学技术在国际贸易中的作用日益加强

科学技术成为国际贸易发展的关键因素，表现在以下几个方面。第一，国民经济是发展国际贸易的基础，发达国家经济增长的 70% 是依靠科技进步实现的。第二，跨国公司在当代世界经济与贸易中占据主导地位，而掌握科学技术优势成为跨国公司全球战略的基础。第三，科学技术使国际贸易商品结构向高级、优化方向发展。利用科学技术不仅能节省大量的原材料，而且能研制出大量的替代品。第四，科技进步使拥有劳动力优势国家的竞争力下降。在新的

以知识为基础的财富创造系统中，劳动力成本在生产总成本中的比例不断缩小。第五，发达国家因拥有大部分世界科技成果，竞争力不断增强。第六，科学技术促进了国际服务贸易和科学技术贸易的发展。第七，科技的发展使国际贸易方式不断发生变革。其中包括20世纪70年代后出现的运输上的"集装箱革命"以及随着计算机网络、电视媒体和电话通信的空前繁荣，出现的新的贸易手段——电子商务。这增加了企业的贸易机会，提高了企业的服务水平与质量，降低了交易成本，使企业内部运作过程合理化。电子商务的出现和应用，被认为是一场"结构性的商业革命"。

### 8. 世界多边贸易体制加强

在第二次世界大战后，为了促进世界经济的恢复与重建，1947年关税与贸易总协定（以下简称"关贸总协定"）成立，成为世界多边贸易体制的组织和法律基础。通过关贸总协定主持下的多边贸易谈判，关税不断下调，非关税壁垒受到约束，推动了关贸总协定缔约方的贸易自由化。经济全球化的发展要求加强世界多边贸易体制，1995年成立的世界贸易组织（WTO）取代了1947年的关贸总协定，其管理的贸易协议，从货物延伸到投资、服务贸易和知识产权等领域。这使世界多边贸易体制得到进一步巩固和完善，使贸易自由化向纵深发展。

### 9. 世界市场竞争向多元化方向发展

世界市场竞争日益综合化表现在：第一，把货物、服务、投资与知识产权有机地结合起来；第二，把贸易自由化与正当的保护结合起来；第三，把关税措施与非关税措施结合起来；第四，把跨国公司的发展与提高中小企业竞争力结合起来；第五，把国内市场竞争与国外市场竞争有机地结合起来；第六，把价格竞争与非价格竞争有机地结合起来。

世界市场竞争日益集团化体现在：第一，地区经贸集团数目快速增加；第二，地区经贸集团的类型更加多样化，除了自由贸易区、关税同盟、共同市场、经济同盟外，还出现了自我承诺类型的经贸集团，如亚太经合组织，个别经贸集团向政治集团发展，如欧盟；第三，地区经贸集团形成的基础发生了结构性的变化，突破了地区、社会制度和经济发展水平的限制；第四，经贸集团内部通过贸易和投资等方面的自由化，统一市场，使内部贸易范围不断扩大。

世界市场竞争日益有序化体现在：第一，WTO成员在WTO规则基础上进行"开放、公平"的竞争；第二，国际贸易法律、规则和标准日益趋同化，与各国国内相关法规的相融性增强。

10. 出现了国际物流"革命"

所谓国际物流是指不同国家之间的商品流动。它是国内物流的延伸和进一步扩展，是国际贸易的重要环节。为了提高竞争力，各大物流企业加大了对物流信息网络和营运系统的投资建设力度，出现了国际物流"革命"。

11. 中国的贸易地位崛起

在新中国成立后的前十年，我国的国际贸易开始起步。20 世纪 60 年代，我国国际贸易发展总体缓慢；70 年代，我国国际贸易发展总体呈停滞状态。1953—1978 年，我国的出口额占世界出口总额的比重由 1.23% 下降到 0.75%，在国际贸易中所占的位次由第 17 位滑落到第 32 位；1978 年改革开放后，我国国际贸易进入快速发展时期，在世界出口总额中的比重从 1980 年的 0.9% 上升到 2000 年的 3.9%，同期，在国际贸易中所处的位次从第 26 位提高到第 7 位；2001 年加入 WTO 后，我国国际贸易进入高速发展时期，在世界货物出口贸易中的比重从 2001 年的 4.3% 上升到 2012 年的 11.1%；2013 年我国货物进出口总额达 4.16 万亿美元；到了 2020 年，我国货物进出口总额已经达到了 4.65 万亿美元，继续领跑全球。

# 第二节　我国国际贸易发展历程和现状

## 一、新中国成立后的国际贸易发展历程

新中国成立至今，国际贸易情况发生了翻天覆地的变化。国际贸易体制由计划体制转向市场开放，国际贸易政策由实行保护到国际规范，国际贸易功能由调剂余缺到成为拉动经济增长的"三驾马车"之一。国际贸易管理政策与制度严格履行国际承诺，透明度不断提高。

国际贸易的快速发展对国民经济增长和社会发展做出了巨大贡献，不仅优化了资源配置和产业结构，提升了产业技术水平，促进了国内竞争，拓宽了市场空间，增加了财政收入，促进了就业，改善了国际收支，更重要的是推动国际交流不断深化，引入新思想、新观念，带动了国内经济与世界经济的接轨与融合，对深化国内改革起到了很大的推动作用。

在国际上，中国已成长为世界的加工制造基地、国际贸易中一支不可忽视的力量、多边贸易体制和区域经济合作的积极参与者，并与其他新兴市场一起，成为世界经济和国际贸易增长的重要驱动力。

### （一）1949—1978 年的计划经济体制

1949 年新中国成立后，确立了社会主义独立自主的国际贸易体系。到改革开放前，我国国际贸易在几经曲折中前进，为国民经济的恢复和发展做出了贡献，并为发展社会主义国际贸易积累了正反两方面的经验。1950 年，我国国际贸易总额为 11.35 亿美元，其中出口 5.52 亿美元，进口 5.83 亿美元。到 1978 年，国际贸易总额扩大到 206.38 亿美元，其中出口 97.45 亿美元，进口 108.93 亿美元，在世界贸易中居第 32 位。

在这一阶段，国际贸易主要被看作社会主义扩大再生产的补充手段，局限于互通有无、调剂余缺。在新中国成立初期，我国出口商品以农副产品等初级产品为主，约占出口总额的 80%，反映出我国当时的经济结构和生产水平。随着工业的迅速发展，出口商品结构也发生了较大变化，轻纺产品超过农副产品成为主要出口商品，重工业产品出口比重呈上升趋势。但直到 1978 年，初级产品出口占出口总额的比重仍达 53.5%。在进口商品结构方面，以进口消费品、奢侈品为主的状况得以改变，生产资料在进口中占主要地位，大体占总进口额的 80%。按照"自力更生为主，争取外援为辅"的建设方针，这一阶段我国在利用国外资金为本国经济建设服务方面也进行了一些尝试和实践。

国际环境的变化、国家关系变化和国内意识形态的变化影响着中国这一时期的国际贸易发展：发展经历了仅对社会主义国家的单边贸易，到自我封闭，再到 20 世纪 70 年代末重启大门的历程。

在新中国成立之初，由于西方资本主义国家对新中国采取封锁政策，我国国际贸易主要与苏联、东欧等社会主义国家进行，以记账贸易方式居多。20 世纪 50 年代，我国对社会主义国家的贸易额占全国国际贸易总额的一半以上，50 年代末达到 70% 以上，其中对苏联的贸易额约占 50%。

20 世纪 50 年代末至 20 世纪 60 年代前期，亚非拉越来越多的国家赢得民族独立，新中国广泛建立、积极发展同这些国家平等互利、互通有无的贸易关系，签订政府间贸易协定，开展易货贸易、边境贸易、记账贸易、现汇贸易等灵活多样的进出口贸易。同时，我国向这些国家及东欧社会主义国家提供贷款或无偿援助。此外，我国内地始终坚持对港澳地区长期稳定供货的贸易政策，即使在国民经济困难时期，也保证了对我国港澳地区的供应。

为了补足国内必需的生产和生活资料，我国利用各种机会和途径，推动同西方国家的民间贸易以至官方贸易。特别在 1960 年中苏关系破裂后，我国国际贸易的主要对象由苏联等社会主义国家开始转向资本主义国家和地区。

到 1965 年，我国对西方国家贸易额占全国国际贸易总额的比重上升到 50%以上。

20 世纪 70 年代初，我国恢复了在联合国的合法席位，国际关系迅速改善。中苏紧张关系逐渐缓解，我国同西方主要资本主义国家建交，国际贸易重新获得恢复和发展，西方国家在我国国际贸易中的地位迅速上升，出口商品结构进一步改善，技术引进取得了重大进展。在有利的国际环境和国内形势下，我国在 20 世纪 70 年代末进入改革开放的准备阶段。

## （二）1978—1991 年的改革开放初期探索

1978 年，中国共产党十一届三中全会召开，确立了改革开放的战略方针，国际贸易进入新的实践探索阶段。

在这一阶段，国家对国际贸易的重视程度空前提高，国际贸易体制改革和外商直接投资极大地促进了国际贸易发展。1978—1991 年，进出口总额由 206.38 亿美元增长到 1 356.3 亿美元，其中出口由 97.5 亿美元增长到 718.4 亿美元，进口由 108.93 亿美元增长到 637.9 亿美元，年均增速分别达到 16.6% 和 14.6%。

为吸引资金、技术、设备，拓展国际市场渠道，创造外汇收入，同时增加就业机会，1979 年经国务院批准，加工贸易开始在沿海地区起步。20 世纪 80 年代中期，国际产业结构出现新一轮的调整和转移，国家进一步确立了以"两头在外"的加工贸易为重点、扩大劳动密集型产品出口的沿海发展战略，加工贸易得到迅速发展。在当时的历史条件下，加工贸易使我国成功地承接了国际劳动密集型产业的转移，带动了国内工业的发展，促进了出口商品结构的优化升级，实现了贸易出口由初级产品、资源型产品为主向以工业制成品为主的转变。1986 年，工业制成品取代初级产品成为我国主要的出口商品，实现了出口结构的一次根本性转变。1991 年，工业制成品占出口总额的比重上升到 77%。随后，市场日益多元化，日本、美国、欧共体成为我国最主要的出口市场和贸易伙伴，而与俄罗斯和东欧国家的贸易份额则大幅下降。

1979 年开始，我国陆续建立了经济特区、沿海开放城市、开发区等特殊经济区域，在进出口管理与经营政策、外汇政策等方面实行更灵活、更优惠的政策。这些特殊区域对全国的贸易发展乃至开放型经济的发展起到了平台、示范与辐射作用，是这一时期国际贸易发展最为活跃的区域。1980 年是深圳、珠海、厦门、汕头四个经济特区建立的第一年，其进出口额占全国进出口总额的 1.1%，到 1991 年，这一占比上升到 8.3%。

在改革开放前，国际贸易一直沿袭新中国成立初期确立的由国家集中领导统一管理的经营管理体制，国家先后成立了一批国营专业外贸公司，由这些公司统一经营全部国际贸易活动，国家对外贸公司实行指令性计划管理，统收统支、统负盈亏。1979年，国家开始对贸易体制进行一系列改革，包括调整中央外贸领导机构，成立一批归属工业部门管理的工贸公司，简化外贸计划内容，实行汇率双轨制以提高出口竞争力，实行进出口许可证制度等。

在改革开放初期，国内生产能力和出口创汇能力不足，外汇缺乏。在此背景下，我国开始招商引资，利用外部资金，扩大出口生产。外商投资企业被直接赋予进出口经营权。1979—1991年，我国累计实际利用外资250亿美元。外商投资企业进出口规模不断扩大，在我国贸易中的作用迅速提升；1979—1991年，外商投资企业占我国贸易总额的比重由0.1%提高到21.3%。外资对国际贸易发展起到了举足轻重的作用。

### （三）1992—2001年的市场经济确立与转型发展

1992年，邓小平南方谈话和中国共产党十四大确立社会主义市场经济改革目标后，我国开始正式吸收西方经济与贸易思想，国际贸易从"互通有无、调剂余缺"转为在市场经济条件下，充分利用国际和国内两个市场、两种资源，积极参与国际分工，积极参与国际竞争与国际经济合作，发挥比较优势。中央陆续提出了市场多元化、"大经贸""引进来"和"走出去"相结合、以质取胜、科技兴贸、积极参与区域经济合作和多边贸易体系等战略思想。

由此，我国国际贸易进入快速发展阶段，贸易规模持续扩大。其间，1997年爆发的亚洲金融危机，严重打击了日本、韩国等周边国家的经济，我国贸易经受了改革开放以来的第一次重大挫折，1998年进出口出现了负增长。但我国国际贸易很快摆脱危机的影响，重新恢复活力，1999年实现11.3%的增长，2000年更是达到了27.8%的高速增长，其中出口增长31.5%。

社会主义市场经济的确立和发展为进出口商品结构进一步优化提供了国内条件。工业制成品出口所占比重上升至90%以上，资本和技术密集型产品逐步替代劳动和资源密集型产品，成为最主要的出口产品。1995年，机电产品出口超过纺织产品，成为出口最多的产品，实现了出口商品结构的又一次重大转变。机电产品成为中国出口最重要的推动力，带动了国际贸易的迅速发展。同期，中国工业化进程开始加快，固定资产投入大、增长快，带来大量的资本与货物需求，使机械及运输设备进口增长十分显著。

在积极吸引外资、承接产业转移、发展加工装配制造业的过程中，外商投资企业迅速发展成为中国国际贸易的主力军，加工贸易成为主要的贸易方式。2001 年，外商投资企业进出口占中国国际贸易总额的比重首次超过 50%，达到 50.8%。1993 年，加工贸易出口额达到 442.3 亿美元，首次超过一般贸易，1995—2007 年，加工贸易出口所占比重一直在 50% 以上，成为中国货物出口最主要的贸易方式。

## （四）2002—2011 年的全方位、多层次对外开放

以 2001 年 11 月中国加入 WTO 为里程碑，国际贸易进入又一个新的阶段。中国加入 WTO 以来，切实履行了入世承诺，积极参与多边贸易体制下的经贸合作，大力实施自由贸易区战略，推进贸易自由化和便利化；基本建立起了与市场经济要求相适应的、符合国际惯例与规则的外贸政策与体制，建立和完善贸易救济制度，维护公平贸易；建立和完善国际贸易的促进与服务体系，规范国际贸易秩序。政策体系的完善促进了中国国际贸易又好又快发展。

2002 年以来，中国国际贸易规模实现跨越式发展，增长速度明显加快，中国跻身于世界贸易大国之列。2007 年，货物贸易总额突破 2 万亿美元，居世界第三；2008 年，尽管下半年开始受金融危机影响，全年进出口总额仍实现了 17.8% 的增长，达到 25 616 亿美元；2002—2008 年，进出口贸易年均增速达 26.7%，其中出口 27.9%，进口 25.1%；自 2001 年开始，中国国际贸易顺差逐年扩大，至 2008 年已达到 2 954.6 亿美元。促进进出口平衡发展成为中国国际贸易发展中一个新的任务。2010 年底，中国货物出口贸易和进口贸易分别居世界第一位和第二位，服务出口贸易和进口贸易分别居世界第四位和第三位。据海关总署统计，2011 年，我国外贸进出口总值达 36 420.6 亿美元，比 2010 年同期增长 22.5%，外贸进出口总值刷新年度历史纪录。同时，贸易失衡情况得到进一步扭转，全年贸易顺差 1 551.4 亿美元，比 2010 年净减少 263.7 亿美元，收窄 14.5%。

在规模扩大的同时，进出口商品结构进一步优化。出口商品国际竞争力显著增强，机电产品和高新技术产品成为出口的主要增长点，工业制成品出口比重达 95%，多种商品出口居世界第一，成为世界的加工制造基地。原材料、零部件、先进技术设备成为主要进口产品。受同期国际能源原材料市场价格上升影响，石油、铁矿石、有色金属等能源产品进口额快速增长，带动初级产品进口份额呈再度上升趋势。

### （五）2012—2018 年的经济全球化

2012 年，中国货物进出口总额 38 669.8 亿美元，同比增长 6.2%。其中出口 20 487.8 亿美元，进口 18 182.0 亿美元。全年一般贸易进出口 20 098.3 亿美元，增长 4.4%，占进出口总额的 52%。加工贸易进出口 13 439.5 亿美元，增长 3.3%，占进出口总额的 34.8%。其他贸易方式进出口 5 129.8 亿美元，增长 24.6%。

2014 年，中国货物进出口总额 4.30 万亿美元，同比增长 3.4%，其中出口 2.34 万亿美元，同比增长 6.1%，进口 1.96 万亿美元，同比增长 0.4%。贸易顺差 3 824.6 亿美元。在剔除 2013 年套利贸易垫高基数因素后，全国进出口同比实际增长 6.1%，出口增长 8.7%，进口增长 3.3%。

2015 年，中国货物进出口总额 245 849 亿元，比 2014 年下降 7.0%。其中，出口 141 357 亿元，下降 1.8%，进口 104 492 亿元，下降 13.2%，贸易顺差 36 865 亿元。

2016 年，中国货物进出口总额 24.33 万亿元，比 2015 年下降 0.9%。其中，出口 13.84 万亿元，下降 2%，进口 10.49 万亿元，增长 0.6%，贸易顺差 3.35 万亿元，收窄 9.1%。

2017 年，世界经济复苏，国内经济稳中向好，推动了中国全年国际贸易进出口持续增长。其中，出口 15.33 万亿元，增长 10.8%，进口 12.46 万亿元，增长 18.7%，贸易顺差 2.87 万亿元，收窄 14.2%。

2018 年，中国货物进出口总额达 4.62 万亿美元，其中，出口为 2.48 万亿美元，进口为 2.14 万亿美元，贸易顺差 3 517.6 亿美元。

## 二、我国国际贸易发展现状

### （一）货物贸易发展速度

将 1950 年、1980 年、2010 年三个年份进行比较，我国货物贸易总额从 1950 年的 11.08 亿美元增长到 1980 年的 339.5 亿美元再到 2010 年的 29 739.9 亿美元。1980 年较 1950 年增长 33.3 倍，2010 年较 1980 年增长 77.92 倍。同期，出口贸易额在第一个三十年增长 34.8 倍，在后三十年增长 86.4 倍，同期进口贸易额增长倍数分别为 26.9 倍和 89 倍。总体而言，两个阶段出口贸易增长倍数多于进口贸易增长倍数（如表 1-2-1 所示）。

表 1-2-1　货物贸易增长（1950 年、1980 年、2010 年）

单位：亿美元

| 年份 | 进出口总额 | 出口贸易额 | 进口贸易额 | 贸易差额 |
|------|-----------|-----------|-----------|----------|
| 1950 | 11.08 | 5.25 | 5.83 | −0.58 |
| 1980 | 339.5 | 182.7 | 156.8 | 25.9 |
| 2010 | 29 739.9 | 15 777.5 | 13 962.4 | 1 815.1 |

2014 年货物贸易进出口总额为 4.3 万亿美元，其中出口额为 2.34 万亿美元，进口额为 1.96 万亿美元，贸易顺差为 0.38 万亿美元，较 2010 年分别增长约 1.44、1.48、1.4 和 2.1 倍。

## （二）服务贸易发展速度

中国服务贸易在 20 世纪 80 年代开始发展。将 1990 年、2000 年和 2011 年三年的数字进行比较，服务贸易总额从 1990 年的 102.07 亿美元增长到 2000 年的 664.61 亿美元再到 2010 年的 3 645.2 亿美元，分别增长 6.5 倍和 5.5 倍。同期出口贸易额从 58.55 亿美元增长到 304.31 亿美元和 1 712 亿美元，分别增长 5.2 倍和 5.6 倍，进口贸易额从 43.52 亿美元增长到 360.3 亿美元和 1 933.21 亿美元，分别增长 8.3 倍和 5.4 倍。（如表 1-2-2 所示）

表 1-2-2　服务贸易增长（1990 年、2000 年、2010 年）

单位：亿美元

| 年份 | 进出口总额 | 出口贸易额 | 进口贸易额 | 贸易差额 |
|------|-----------|-----------|-----------|----------|
| 1990 | 102.07 | 58.55 | 43.52 | 15.03 |
| 2000 | 664.61 | 304.31 | 360.30 | −55.99 |
| 2010 | 3 645.21 | 1 712.0 | 1 933.21 | −221.21 |

2014 年服务贸易进出口总额为 6 043 亿美元，其中出口贸易额为 2 222 亿美元，进口贸易额为 3 821 亿美元，贸易逆差为 1 599 亿美元，较 2010 年分别增长约 1.65、1.29、1.97 和 7.23 倍。

## （三）主要贸易伙伴

改革开放以后，中国主要贸易伙伴的国家为日本、美国和韩国，集团为欧盟，地区为中国香港和中国台湾。

从 1984 年到 2014 年，日本在中国出口贸易中的比重从 20.6% 下降到 3.6%，在进口中的比重从 31.3% 下降到 4.3%。同期,中国对美国的出口比重分别为 9.3% 和 8.6%,进口比重从 14.8% 下降到 12.7%。欧盟在中国出口中的比重从 8.9% 提高到 11.9%,在进口中的比重从 12.7% 下降到 11.7%。中国香港在中国内地出口中的比重从 26.7% 降低到 2.8%,在进口中的比重从 10.9% 下降到 3.2%。中国台湾在中国内地出口中的比重从 1994 年的 1.4% 提高到 2014 年的 1.7%,在进口中的比重从 12.0% 降低到 1.4%。同期,韩国在中国出口中的比重从 3.6% 降到 3.0%,在进口中的比重从 6.3% 降到 2.8%。

## (四)整体性开放贸易政策

1992 年,中国建立社会主义市场经济体制,改革开放进入新阶段,国际贸易政策从局部性开放贸易政策转变为整体性开放贸易政策。

1. 整体性开放贸易政策的内涵与目标

整体性开放贸易政策的内涵和目标是指,在社会主义市场经济体制基础上与世界经济与贸易发展整体对接,融入经济全球化,实现货物、服务和生产要素流动的互补,全面参与国际分工,进入世界贸易组织,不仅促进了中国整体经济的发展,而且对世界经贸发展做出了巨大贡献。

2. 整体性开放贸易政策的特点

①是局部性开放贸易政策的延伸和深化。

②建立在社会主义市场经济体制上。

③具有制度性和全域性开放性质。

④确立的经济基础是开放性经济。

⑤为中国加入多边贸易体制提供可行性。

3. 整体性开放贸易政策的实施

(1)推进外贸体制改革,经济调控国际贸易运行

建立外贸企业自负盈亏机制;逐步降低进口关税,取消进出口指令性计划,加快下放外贸经营权;改革汇率制度,建立以市场供求为基础的、单一的、有管理的浮动汇率制度,实现人民币在经常项目下可自由兑换,进行国有四大银行的商业银行化改革,成立国家开发银行、中国进出口银行和中国农业发展银行三家政策性银行,允许外国银行在中国设立分行。

(2)全方位、多层次和宽领域的对外开放的新格局

全方位是指对世界各国和各地区开放;多层次是指形成经济特区,沿海开放城市,沿海经济开发区,沿江、沿边和内地结合在一起的开放格局;宽领域

是指对外开放领域涵盖政治、经济、科技、教育、文化、体育、卫生等众多领域。

（3）运用法律手段加强外贸管理

为适应加入世界贸易组织和发展社会主义市场经济的需要，1994 年 7 月 1 日《中华人民共和国对外贸易法》（以下简称《对外贸易法》）施行，逐步建立起配套的外贸法规体系、外商投资法律体系、公平贸易法规体系等。

（4）构建和实施国际贸易发展战略

为了充分利用整体性开放贸易政策带来的众多机遇，在不同时期要适时构建和实施国际贸易发展战略：1990 年中国推出外贸市场多元化战略、以质取胜战略，1999 年构建和实施科技型贸易战略，20 世纪 90 年代后期提出"走出去"战略。

（5）发展国际区域经济合作

1991 年 11 月，中国加入 1989 年成立的亚太经济合作组织（APEC）；1996 年 3 月，中国参加同年成立的亚欧会议（ASEM）；1996 年，中国构建上海合作组织（SCO）；2000 年 10 月，中国与非洲国家共同举办中非合作论坛；2001 年 5 月，中国正式加入签订于 1975 年的《曼谷协定》；2010 年 1 月，中国—东盟自由贸易区正式全面启动。

# 第三节　我国国际贸易的结构与方式

## 一、中国国际贸易结构

### （一）货物贸易结构

1. 货物出口贸易结构

中国在改革开放以前，货物出口贸易中的产品主要是初级产品，在改革开放以后，初级产品所占比重下降，制成品所占比重不断上升，并高速增长，到 2010 年制成品所占比重接近 95%，2014 年则超过 95%（如表 1-3-1 所示）。

表 1-3-1　初级产品和制成品出口贸易比重

单位：亿美元

| 年份 | 出口总额 | 初级产品 | | 制成品 | |
|---|---|---|---|---|---|
| | | 金额 | 比重（%） | 金额 | 比重（%） |
| 1953 | 10.22 | 8.11 | 79.4 | 2.11 | 20.6 |

| 年份 | 出口总额 | 初级产品 | | 制成品 | |
|---|---|---|---|---|---|
| | | 金额 | 比重（%） | 金额 | 比重（%） |
| 1975 | 72.64 | 40.98 | 56.4 | 31.66 | 43.6 |
| 1985 | 273.50 | 138.28 | 50.6 | 135.22 | 49.4 |
| 1995 | 1 487.8 | 214.85 | 14.4 | 1 272.95 | 85.6 |
| 2005 | 7 619.53 | 490.37 | 6.4 | 7 129.16 | 93.6 |
| 2010 | 15 777.55 | 816.86 | 5.2 | 14 960.69 | 94.8 |
| 2014 | 23 422.9 | 1126.9 | 4.8 | 22 296.0 | 95.2 |

**2.货物进口贸易结构**

中国在改革开放前，货物进口贸易中制成品一直占较大比重，在改革开放以后所占比重仍然较大，制成品在货物进口贸易中的比重从 1980 年的 65.2%提升到 1990 年的 81.5%，2010 年比重为 68.9%，2014 年比重为 67%（如表 1-3-2所示）。

表 1-3-2 初级产品和制成品进口贸易比重

单位：亿美元

| 年份 | 进口总额 | 初级产品 | | 制成品 | |
|---|---|---|---|---|---|
| | | 金额 | 比重（%） | 金额 | 比重（%） |
| 1980 | 200.17 | 69.59 | 34.8 | 130.58 | 65.2 |
| 1990 | 533.45 | 98.53 | 18.5 | 434.92 | 81.5 |
| 2000 | 2 250.94 | 467.39 | 20.8 | 1 783.55 | 79.2 |
| 2010 | 13 962.44 | 4 338.50 | 31.1 | 9 623.94 | 68.9 |
| 2014 | 19 592.3 | 6 469.40 | 33.0 | 13 122.9 | 67.0 |

## （二）服务贸易结构

在服务贸易总额中，运输、旅游和其他商业服务所占比重之和一直较大，几乎都在 80% 以上。但 2010 年后，咨询服务占比增大（如表 1-3-3 所示）。

表 1-3-3 主要年份服务贸易大类比重

单位：%

| 服务贸易类型 | 2001 年 | 2005 年 | 2010 年 | 2013 年 |
|---|---|---|---|---|
| 运输 | 22.9 | 27.9 | 26.9 | 24.5 |
| 旅游 | 44.4 | 32.5 | 27.8 | 33.4 |
| 通信 | 0.8 | 0.7 | 0.7 | 0.6 |

| 服务贸易类型 | 2001 年 | 2005 年 | 2010 年 | 2013 年 |
| --- | --- | --- | --- | --- |
| 建筑 | 2.3 | 2.7 | 5.4 | 2.7 |
| 保险 | 4.1 | 4.9 | 4.8 | 4.8 |
| 金融 | 0.2 | 0.2 | 0.8 | 1.2 |
| 计算机和信息 | 1.1 | 2.2 | 3.4 | 4.0 |
| 专有权利使用费和特许费 | 2.8 | 3.5 | 3.8 | 4.1 |
| 咨询 | 3.3 | 7.3 | 10.4 | 11.9 |
| 广告、宣传 | 0.7 | 1.1 | 1.4 | 0.2 |
| 电影、音像 | 0.1 | 0.2 | 0.1 | 0.2 |
| 其他商业服务 | 18.1 | 16.7 | 14.6 | 11.3 |

## 二、中国国际贸易方式

国际贸易方式结构是指各种贸易方式在一国国际贸易方式中所占的比重（地位）及其相互联系（关系）。改革开放以来，我国国际贸易方式主要有一般贸易和加工贸易，其他贸易所占比重很小。加工贸易在我国国际贸易中的地位尤其重要。

### （一）一般贸易和加工贸易的定义

传统意义上的一般贸易指的是单纯或绝大部分使用本国资源和材料进行生产和出口的贸易方式。

加工贸易是一国通过进口原料、零件，利用本国的生产能力和技术，加工成成品后再出口，从而获取相应的利润。加工贸易是以加工为特征的再出口业务，方式多种多样，常见的加工贸易有以下几种方式。

1. 进料加工

进料加工指我国企业购入国外的原材料、零件等，利用本国的生产能力和技术，加工成成品后，销往国外市场。在这类业务中，企业以买主的身份与国外签订成品的出口合同，两个合同是两笔独立的交易。进料加工的企业要承担价格风险和成品的销售风险。

2. 来料加工

来料加工指国外委托方提供原料，由国内加工方按照双方商定的质量、规格、款式将原料加工为成品，交付委托方，收取加工费。在这种加工方式中，加工方的价格风险和销售风险较小,但加工利润一般很低。如果委托方只提出样式、规格等要求,由加工方使用当地的原料进行加工生产,则称为"来样加工"。

### 3. 装配业务

装配业务指国外委托方提供装配成品所需的设备、技术和有关零配件,由加工方装配为成品后交货。来料加工和装配业务包括两部分贸易:一是进口原料,二是出口成品。但这两个部分是一笔交易的两个方面,而不是两笔交易。原材料的提供者和成品的接受者是同一家国外企业,交易双方是委托加工关系。

### 4. 协作生产

协作生产指国外企业提供部分配件或主要部件,由国内企业利用本国生产的其他配件组装加工成成品出口。协作生产的成品一般由国外企业负责全部或大部分销售,也可规定由第三方销售。

## (二)中国国际贸易方式的构成

我国国际贸易方式的显著特点是加工贸易,在国际贸易中占有很大的比重,且该比重不断上升。与加工贸易相对应,一般贸易的比重不断下降,由原来的主导地位变为比重低于加工贸易。1986年,在我国货物出口贸易中,一般贸易的比重为81.1%,而到了2004年只占到了44.1%,相当于1986年的1/2。相反,加工贸易成为我国国际贸易的第一大贸易方式。2010年,加工贸易占我国国际贸易的46.9%。其他贸易方式近几年所占的比重略有上升,但是绝对量仍然很少。在我国的货物进口贸易构成中,不同贸易方式的比重和货物出口贸易大致呈现相同的趋势,即一般贸易所占的比重下降,从1986年的82.1%下降到2010年的55.1%,加工贸易所占的比重从1986年的15.6%上升到2010年的29.9%。在货物进口贸易中,包括外商投资、设备进口等其他贸易方式从1986年的2.3%上升到2010年的15%,但是在整体上仍处于从属地位。

## (三)中国对外加工贸易

### 1. 加工贸易的发展

近几十年来,我国加工贸易蓬勃发展。1978年8月,广东珠海签订的第一份来料加工合同拉开了我国加工贸易开展的序幕。加工贸易从1996年首次占据我国国际贸易总值的50%之后,其重要地位已经延续至今。2002年,加工贸易总额为3 021.6亿美元,其中,出口为1 799.4亿美元,进口为1 222.2亿美元。出口加工贸易占出口总额的55.3%,而进口加工贸易占进口总额的41.4%。2010年,加工贸易总额为11 577亿美元,其中,出口为7 403亿美元,进口为

4 174 亿美元。出口加工贸易占出口总额的 46.9%，而进口加工贸易占进口总额的 29.9%。

我国在改革开放初期，国民经济和进出口贸易发展水平较低，而当时发达国家将一些劳动密集型产业向发展中国家和地区转移的贸易机会很多，一些新兴工业国家通过发展加工贸易实现经济起飞的成功经验，促使我国政府下决心大力发展加工贸易，如今加工贸易在我国经济发展中发挥了日益重要的作用。

**2. 加工贸易的积极作用**

（1）推动我国经济和国际贸易的快速发展

外贸出口（包括加工贸易出口）是拉动中国改革开放经济快速发展的"三驾马车"之一。中国从贸易小国一跃升为位居世界前列的贸易大国，与我国加工贸易的长足发展密不可分。

（2）是发挥我国比较优势的重要贸易方式

加工贸易利用了我国具有比较优势的资源——劳动力，与国外优势资源配件、加工设备和技术相结合，加工成产品后再出口到国际市场。

（3）是利用外资的重要方式

我国政府鼓励外资从事加工贸易，并给予了政策优惠。加工贸易的投资经营主体是外商投资企业。通过外商投资的加工贸易，我国承接了发达国家和新兴工业化国家转移的劳动密集型产业。在进行加工贸易的过程中，我国企业学到了国外先进的管理模式，增长了管理经验，为我国企业的发展创造了条件。

（4）促进宏观产业结构调整以及技术升级

在我国宏观产业结构调整上，加工贸易的技术转让促进了我国加工制造业的发展，有利于解决我国轻重工业发展长期失衡的问题。我国加工贸易开始走出劳动密集型产业的局限，涉及资本、技术密集型产业乃至高新技术产业，同时也推动了出口商品结构的调整和工业制成品出口比重的上升。加工贸易的技术转让推动了我国纺织、电子、机械、家电、IT 等行业的技术进步，使相关行业的技术、工艺和生产水平明显提高，在国际市场上的竞争力不断增强。

**3. 加工贸易中存在的问题**

（1）国际贸易依存度过高，国际贸易出口潜在风险较大

我国国际贸易依存度高的原因之一就是我国加工贸易是典型的大进大出模式。近年来，我国较高的经济增长率中相当大的一部分是由进出口数量扩张构

成的，这是一种具有潜在风险的状况，在市场开放和贸易投资自由化的过程中，我国经济要保持稳定增长，就需要承受国际经济波动带来的冲击。

（2）不利于带动国内产业结构升级

加工贸易是我国利用外资的重要形式，但在加工贸易中，特别是在来料加工中，外商投资企业完全掌握市场和销售渠道，控制关键技术，把技术和产品的开发能力大多留在境外，我国企业只参与简单的加工装配环节。此外，有些外商投资企业将技术水平低、环境污染严重的产品转移到我国生产，给我国的环境造成不利的影响。加工贸易以外商投资企业而非国内企业为经营主体的格局，造成我国原有的工业基础和技术基础不能充分发挥作用，阻碍了国内工业生产和一般贸易的升级及产业调整。

（3）存在海关监管问题

由于我国加工贸易的基本政策是对进口原料和零部件实行免税政策，在我国进口关税较高的情况下，有些外商借加工贸易的名义进口原料和零部件，加工为成品后在国内市场销售，这种做法实际上是偷逃税款，导致国家税收的大量流失，同时也给国内相关行业造成了巨大的压力，造成了不平等的市场竞争。

由于加工贸易种类繁杂，涉及众多企业，海关的监管工作量大、范围广。长期以来，海关的监管工作有了很大改进，但在加工贸易方面的偷逃税款事件仍然时有发生。

（4）造成虚假的贸易顺差

加工贸易加剧了我国与发达国家之间的贸易摩擦，其主要原因是我国加工贸易的进口原料主要来自东南亚国家，出口市场主要在美国、日本和中国香港地区。当成品出口美国和欧盟时，对方将成品的全部价值统计为中国出口，没有减去这些成品中的进口成分，故而在同中国的贸易中出现巨额逆差。但对中方来说，这实际上是一种虚假的出口额和顺差，如果在加工贸易的成品中减去进口的原料和零部件的价值，实际出口额和顺差就没有这么大了。

另外，美国等一些国家对加工贸易产品的原产地的认定规则与WTO的原产地的认定规则不完全一致。我国加工贸易产品出口有相当一部分是通过中国香港或其他国家和地区转口到美国等第三国市场的，但这些国家依据本国的原产地规则，将经过中国香港等地转口的加工贸易出口产品都算作我国的出口产品，夸大了我国的出口规模和顺差。

# 第四节 新时期我国国际贸易发展策略

## 一、国际贸易政策的完善

### （一）国际贸易政策的含义

国际贸易政策是一国政府在其社会经济发展战略的总目标下，运用经济、法律和行政手段，对国际贸易活动进行管理和调节的行为。它体现了一国国际经济和政治关系的总政策，属于上层建筑的一部分。对外，它是服务于一国国际经济和政治的总政策；对内，它为经济发展服务，并随着国内外经济基础和政治关系的变化而变化。

### （二）国际贸易政策的目的

1. 促进经济发展与稳定

（1）促进生产力发展

其途径是：优化国内资源配置，提高生产要素效能；鼓励资本输入，提高生产力；鼓励国外先进的技术知识、管理经验、经营方法和生产技术的引进，提高管理水平，获取规模经济效益。

（2）实现经济增长

通过国际贸易政策调整，一方面，增加国家财政收入，提高国家的经济福利；另一方面，调整和优化产业结构，提高企业的竞争力，实现利润最大化。

（3）达到外部均衡

通过国际贸易政策的调整，维持收支平衡。

（4）保持经济稳定

在经济全球化的背景下，世界各国之间的相互影响增强。为了使一国经济既能与外部经济实现互补，又能保持国内经济稳定，就必须依靠国际贸易政策进行调整。

2. 加强和完善经济体制

经济体制是社会国民经济的运作方式，可以分为市场经济和计划经济两种类型。经济体制不同，贸易政策也随之不同。经过实践检验，市场经济体制逐渐为世界各国所认同，但市场经济在各国的发展程度不同。科学的国际贸易政策能促进一个国家积极参与经济全球化，同时又能加强和完善其市场经济体制。

### 3. 改善国际经济与政治环境

国际贸易政策在调整、改善、巩固国与国之间经济与政治关系方面起着重要作用。一国国际贸易政策的选择必须考虑国际环境，即世界贸易体制的发展与影响、联合国的各种决议的实施以及其与贸易伙伴之间的经济和政治关系。

## （三）自由贸易政策

### 1. 自由贸易政策的含义

自由贸易政策是指国家对国际贸易活动不加以直接干预，既不鼓励出口，也不限制进口，使商品和生产要素在国与国之间自由流动，在国内外市场上进行自由竞争。国家取消对进出口商品贸易、服务贸易的限制，取消给予本国进出口商品与服务的各种特权，使商品和服务自由进出口，在国内外市场上自由竞争。这是政府对进出口商品贸易和服务贸易采取放任自由、不加干预或减少干预的一种政策。但迄今为止，自由贸易政策都是相对意义上的，还没有纯粹的自由贸易政策。通常经济贸易竞争力强的国家崇尚自由贸易政策。

### 2. 自由贸易政策的演变

自由贸易政策产生于 18 世纪初的英国，这是由于英国首先发生工业革命，成为经济贸易发达国家，然后向其他国家扩张。

自由贸易政策在 19 世纪到 20 世纪第一次世界大战以前，成为国际贸易政策的主流。在两次世界大战期间，在 1929—1933 年经济危机的冲击下，自由贸易政策被首先倡导的英国放弃。第二次世界大战以后，随着世界经济的恢复与发展，贸易自由化政策成为发达国家起主导作用的贸易政策。随着 1948 年关贸总协定的生效和 1995 年世界贸易组织的成立，加上经济全球化进程的加快，贸易自由化成为世界各国贸易政策的主流。

当代的自由贸易政策是指国家取消或减少对货物、服务贸易的限制和障碍，取消、减少和约束对本国货物、服务的各种特权和优惠，进行公开、公平的竞争。

## （四）保护贸易政策

保护贸易政策的主要内容是，国家对进出口货物贸易、服务贸易施加干预，利用各种措施限制货物和服务进口，保护国内市场和国内生产，使之免受外国货物与服务的竞争，对本国出口货物与服务给予优待和补贴，以鼓励扩大出口。简言之，保护贸易政策即实施奖出限入政策。

在国际贸易发展的历史进程中，自由贸易政策和保护贸易政策也在不断地交替发展与变化，这两种政策既相互对立，又相互依存和相互转化。而且，在不同时期和不同国家，国际贸易政策的侧重点也有所不同。纯粹的自由贸易政策和保护贸易政策在任何时期、任何国家都是不存在的。

一国选择实施哪种国际贸易政策，主要取决于该国的经济发展水平和该国在国际经济中所处地位以及该国的经济实力和产品的竞争力。那些经济发达、经济实力雄厚、产品具有竞争力的国家，通常采取自由贸易政策或带有自由化倾向的贸易政策；而那些发展起步较晚、经济发展水平不高、实力较差、产品缺乏竞争力的国家，一般采取保护贸易政策。此外，各国的国际贸易政策还受到世界政治与经济形势、国内经济发展速度、通货膨胀程度、国际收支与贸易平衡状况、就业状况等因素的影响。

## （五）外向型贸易政策和内向型贸易政策

### 1. 外向型贸易政策

外向型贸易政策是指不歧视内销产品的生产或出口产品的生产，也不歧视购买本国商品或购买外国商品的贸易政策。它在进口政策上主张征收关税而不主张限制数量，且这种关税通常又被其他措施所抵销。典型的外向型贸易政策是一种中性贸易政策。

### 2. 内向型贸易政策

内向型贸易政策是指对贸易奖励制度有偏向，重视内销生产，轻视出口生产的贸易政策。它一般对制造业实行高度保护，对进口和投资行为实行直接控制，对汇率实行高估等。在进口政策上，它一般主张数量限制而不主张征收关税。内向型贸易政策也常被称为进口替代政策。

## （六）国际贸易政策的制定与执行

### 1. 制定国际贸易政策的目的

各国的国际贸易政策因各自的经济体制、经济发展水平及其产品在国际市场上的竞争力不同而有所不同，并且随着各自经济实力的变化而变化，但就其制定国际贸易政策的目的而言，可以概括为以下几个方面：①保护本国的市场；②扩大本国产品的出口市场；③促进本国产业结构的改善；④积累资金；⑤为本国的对外政策服务。

2. 制定国际贸易政策需要考虑的因素

国际贸易政策的制定既要与本国的经济发展水平相适应，又要满足统治阶级的利益与要求，进而达到促进经济发展的目的。各国在制定国际贸易政策的过程中，需要考虑以下几个方面的因素：①本国经济结构与比较优势；②本国产品在国际市场上的竞争力；③本国及其他国家经济、投资的使用情况；④本国国内物价、就业情况；⑤本国与他国的政治关系；⑥本国在世界经济、贸易组织中享受的权利与应尽的义务；⑦各国政府领导人的经济思想与贸易理论。

各国国际贸易政策的制定与修改是国家立法机构在征询各个经济集团的意见的基础之上进行的。制定和修改国际贸易政策既要兼顾本国国内各经济集团的利益，又要与本国的国际贸易总方针与基本原则相一致，在必要时可给予行政机构特定权限。

3. 国际贸易政策的执行

（1）国际贸易法规

为落实国际贸易政策，世界各国都通过对国际贸易立法把贸易政策具体化，使之成为国家法律的组成部分。其内容通常包括立法目的，管理贸易的机构、权限（包括国家元首或政府首脑的权限），进出口货物、服务和技术的许可，国际贸易经营条件和应遵守的规定等。

（2）主管国际贸易事务的行政部门

各国均设置了各种行政部门管理国际贸易活动，如美国就通过三个行政部门管理国际贸易活动。一是国际贸易谈判，主要由总统下辖的美国国家经济委员会和美国贸易谈判代表负责；二是进出口管理和服务，具体由美国商务部、农业部和海关等机构负责；三是征收关税、缉私等，具体由海关执行。此外，还有负责贸易调查的美国国际贸易委员会和各种协调机构。

## （七）出口鼓励措施

1. 出口信贷

（1）出口信贷的概念

出口信贷是指一个国家为了鼓励商品出口，增强商品的竞争力，通过银行对本国出口厂商或国外进口厂商提供的贷款。它主要面向金额较大、期限较长的商品，如成套设备、船舶等。这是鼓励本国出口商利用本国银行的贷款扩大商品出口的一种重要手段。

（2）出口信贷的种类

出口信贷按时间长短可划分为以下几类。

①短期信贷。

一般指 180 天以内的信贷，有的国家规定短期信贷期限为 1 年，主要适用于原料、消费品及小型机器设备的出口。

②中期信贷。

一般指为期 1 ～ 5 年的信贷，主要适用于中型机器设备的出口。

③长期信贷。

一般指 5 ～ 10 年甚至时间更长的信贷，主要适用于大型成套设备与船舶等商品的出口。

出口信贷按信贷关系可划分为以下几类。

①卖方信贷。

又称出口卖方信贷，它是出口方的出口信贷机构或商业银行向本国出口商（卖方）提供的贷款。这种贷款协议由出口商与银行签订。在国际贸易中，出口厂商与进口厂商的谈判如果涉及金额较大的商品贸易（如机器设备、船舶等的出口），进口厂商一般要求采用延期付款或长期分期付款的办法来支付货款，并经常把其作为成交的一个条件。但此类付款方式实际上在一定时间里占用了出口厂商的资金，从而会影响到出口厂商的资金周转乃至正常经营。在这种情况下，就需要出口国银行对出口厂商提供信贷资金，卖方信贷便应运而生。因此，卖方信贷实际上是指出口地的信贷机构或商业银行直接资助本国出口厂商向外国进口厂商提供延期付款，以促进商品出口的一种方式。

卖方信贷的一般做法是，在签订买卖合同后，进口厂商先支付货款 5% ～ 15% 的订金，作为履约的一种保证金；在分批交货、验收和保证期满时，再支付 10% ～ 15% 的货款，其余的货款按合同的约定在交货后若干年内分期付款，并支付延期付款期间的利息。所以，卖方信贷实际上是出口厂商从信贷提供银行取得贷款后，再向进口厂商提供延期付款的一种商业信用。

卖方信贷对进出口厂商有利也有弊。对出口厂商来说，卖方信贷使其获得了急需的周转资金，有利于其业务活动的正常开展。对进口厂商来说，虽然这种做法比较简便，为进口贸易活动提供了便利，但却使商品价格明显提高。因为出口厂商在报价时，除出口商品的成本和利润外，还要把从银行借款的利息费用以及外汇风险的补偿加在货款内。因此，利用卖方信贷进口的成本和费用较高。据测算，利用卖方信贷进口机器设备等，与用现汇进口相比，其价格可能要高 3% ～ 4%，个别情况下甚至可能高 8% ～ 10%。

②买方信贷。

它是出口方银行直接向外国的进口厂商（买方）或进口方银行提供的贷款。其附带条件就是贷款必须用于购买债权国的商品。其作用就是促进商品的出口，因此也被称为约束性贷款。

买方信贷有两种方式：一是出口国银行直接向进口国银行贷款，再由进口国银行为进口厂商提供贷款，进口厂商用该笔贷款向出口厂商进行现汇支付；二是出口国银行直接向进口厂商提供贷款，进口厂商用这笔贷款向出口厂商支付现汇货款。以上两种方式对出口厂商而言都比较有利，因为这既可以较快地得到货款，又避免了风险，便于其资金周转。由于买方信贷有很多优点，目前较为常用。

③混合信贷。

它是卖方信贷或买方信贷与政府对外援助或赠款相结合对外发放的一种贷款形式。因此有人又称其为挂钩援助贷款。混合贷款中的出口信贷由本国的出口信贷机构或商业银行提供，而援助资金完全由政府出资，其利率更低、期限更长、条件更优惠，对本国出口的支持力度更大，增强了本国出口商品的国际竞争力，更有利于促进本国商品特别是机器设备的出口。因此，混合信贷近年来发展较快。

混合信贷可分为两种方式：一是两个协议的混合信贷；二是一个协议的混合信贷。前者是指对一个项目的融资，同时提供一定比例的政府贷款或赠款和一定比例的买方信贷或卖方信贷，但对政府贷款或赠款和买方信贷或卖方信贷分别签署贷款协议，各自规定不同的利率、费率和贷款期限等融资条件。后者是指对一个项目的融资，将一定比例的政府贷款或赠款和一定比例的买方信贷或卖方信贷混合成一个协议，因而只签一个协议。在协议中根据二者所占的比例，计算出一个混合利率、费率和贷款期限等融资条件。

2. 出口信贷担保制

（1）出口信贷担保制按信贷融资阶段可分为以下两类：

①出运前信贷担保。

这是指对出口厂商取得的发货前信贷资金支持提供担保。

②出运后信贷担保。

这是指为了保障出口信贷机构或商业银行在出口货物出运后向出口厂商提供的贷款本息能按时足额偿还提供担保。

（2）出口信贷担保制按具体承保方式可分为以下三类：

①个别交易贷款担保。

这是针对个别交易的担保，通常适用于金额大、信用期长的出口交易。

②个别企业账户贷款担保。

它负责赔偿出口信贷机构或商业银行在一定时期内（通常是一年）对某个出口厂商的所有出口贷款的风险损失。

③银行总括出口贷款担保。

它是指对出口信贷机构或商业银行在一年内向客户发放的全部出口贷款承担赔偿责任。

（3）出口信贷担保制根据融资对象的不同，可分为卖方信贷担保和买方信贷担保。

（4）出口信贷担保制根据融资期限的不同，可分为短期信贷担保和中长期信贷担保。

这些担保机构的主要目的在于担保供款银行在海外的风险，以扩大商品出口，因此所收的费用一般不高，以减轻银行的负担。通常保险费率根据出口担保的项目、金额大小、期限长短和输往的国别或地区而有所不同。

总的来说，上述出口信贷和出口信贷担保业务可以单独使用，但是在实践中，出口商品特别是大型设备等在出口贸易中存在着较大的政治风险和商业风险，出口厂商只有在投保了出口信用保险或获得了出口信贷担保后，才能较容易地得到出口信贷机构或商业银行的贷款。因此，在实际业务中，各国都将出口信贷或出口信贷担保结合起来使用，以达到鼓励出口的目的。

### 3. 出口补贴

①直接补贴。

直接补贴是指在出口某种商品时，直接付给出口厂商的现金补贴。第二次世界大战后，美国和一些西欧国家对某些农产品的出口就采取这种补贴。这些国家农产品的国内价格一般比国际市场价格高，在按国际市场价格出口时就出现亏损，这种差价或亏损部分由该国政府给予补贴。出口补贴金额的多少和时间的长短往往随着国内市场与世界市场之间差价的变化而变化。有时为了鼓励某种商品出口，补贴金额甚至大大超过国际差价。

②间接补贴。

间接补贴是指政府对某些出口商品给予财政上的优惠，如政府退还或减免出口商品的直接税、超额退还间接税、提供比在国内销售货物更优惠的运费等。

## 二、区域经济一体化

### （一）区域经济一体化的含义

区域经济一体化是指区域内或区域之间的国家和政治实体通过书面文件，逐步实现彼此之间货物、服务和生产要素的自由流动，进行各种要素的合理配置，促进相互间的经济与发展，取消关税和非关税壁垒，进而协调产业、财政和货币政策，并相应建立超国家的组织机构的过程。其表现为各种形式的区域经济贸易集团的建立。

区域经济一体化是多种因素促成的结果，包括地缘接近、经济发展水平相近或具有互补性、文化观念相似、政治和价值观念一致、政治上能够相互包容等。

### （二）区域经济一体化的形式

区域经济一体化形式的划分主要以一体化程度的高低为标准。按照一体化程度划分，从低到高主要有以下几种形式。

#### 1. 优惠贸易安排

优惠贸易安排是区域经济一体化最初级和最松散的一种形式。在优惠贸易安排的成员之间，通过协定或者其他形式，对全部商品或者一部分商品规定特别的关税优惠。但是，优惠贸易安排并不一定涉及全部商品领域，其优惠幅度也并不一定达到完全取消关税和非关税壁垒的程度。

值得注意的是，在目前的文献中，有时优惠贸易安排有另外一种含义，即特指发展中国家之间根据关贸总协定和世界贸易组织授权条款建立的相互给予优惠待遇的协议。

#### 2. 自由贸易区

自由贸易区是指签订有自由贸易协定的国家组成的区域经济一体化组织，在成员方之间废除关税与数量限制，使区域内各成员方的商品可完全自由流动，但每个成员方仍然保持对非成员方的贸易壁垒。现代意义的自由贸易区往往还要求在一定程度上实现服务贸易的自由化。自由贸易区不要求成员方建立共同的对外关税，但是从理论上说，没有建立统一对外关税的自由贸易区，容易引起关税壁垒的规避。例如，相邻的甲国与乙国组成一个自由贸易区，彼此之间没有贸易壁垒，但甲国对非成员方的关税为50%，乙国对非成员方的关税为10%，那么在转运成本较低的情况下，输往甲国的商品就可能由乙国输入再转运至甲国。这种情况将导致甲国的关税流失，或者不得不加强对原产地的边境检查，从而提高行政成本，并在客观上对两国间的自由贸易产生一定的限制。

世界上成立最早的自由贸易区是欧洲自由贸易联盟（EFTA），其成立于1960年1月，强调的是工业产品的自由贸易，不涉及农业，所以每一个成员国都可以决定自己的农业补贴水平。成员国也可以自由决定对来自欧洲自由贸易联盟以外的产品的关税及贸易政策。

### 3. 关税同盟

关税同盟是指两个或者两个以上的经济体，完全取消关税和其他贸易壁垒，并对非同盟国家实行统一的关税税率而缔结的同盟。关税同盟的一体化程度比自由贸易区更高，而且由于同盟成员之间必须实行统一的关税政策，因此它已经具备了明显的超国家性质。

### 4. 共同市场

所谓共同市场，除了要求其各成员国之间完全取消关税与非关税壁垒，并且建立对非成员国的共同关税之外，共同市场的生产要素也可以自由流动。因为在成员国之间，对于人员的流入和流出以及资本的跨国界流动没有任何限制，所以共同市场内的成员国之间联合的密切程度远大于关税同盟。建立共同市场需要成员国在财政、货币和就业政策方面达到很高程度的协调与合作，而要实现这种层次的合作非常困难。目前，除欧盟以外，世界其他地区还没有建立起成功的共同市场。欧盟现已从共同市场阶段跨入了全面的经济同盟。

### 5. 经济同盟

所谓经济同盟，是指成员国之间不但商品和生产要素可以完全自由流动，建立对外共同关税，而且要求成员国之间制定和执行某些共同经济政策和社会政策，逐步消除政策方面的差异，形成一个统一的经济实体。在经济同盟这个阶段，成员国还可能实行某种形式的货币同盟，甚至采用共同的货币。这种高度的融合要求有一个强有力的协调机制，而且每个成员国都要为这个机制牺牲一定的国家主权。欧盟在20世纪末已建成了经济联盟。

### 6. 完全经济一体化

完全经济一体化是经济一体化的最高形式。在这个阶段，区域内各成员国在经济、金融和财政等政策上完全统一化，在成员国之间完全消除商品、资金、劳动力等自由流动的人为障碍，并且各成员国的社会、政治、防务等方面的政策也趋于一致。

应该指出的是，现实中的区域经济一体化形式是纷繁复杂的，以上对区域经济一体化形式和阶段的划分只是一种理论上的总结。在现实中，一个在主要方面属于较低级阶段的经济一体化组织也可能在某些方面实施某些较高级的区域经济一体化组织通常实施的一体化措施。

## 三、非关税措施

### （一）非关税措施的含义

非关税措施是指，一国政府采取除关税以外的各种限制进口的法律和行政规定的总称。

非关税措施早在资本主义发展初期就已出现了，但到 20 世纪 30 年代才普遍建立起来。特别是 60 年代后期以来，在关贸总协定的背景下，关税水平大幅度下降，关税的保护作用越来越弱，发达国家为转嫁经济危机实现超额垄断利润，开始采用非关税措施来限制进口。到 70 年代中期，非关税措施已经成为贸易保护的主要手段。据统计，非关税措施从 20 世纪 60 年代末的 850 项增加到 20 世纪末的 3 000 多项，并仍呈现增加的趋势。非关税措施中的一些形式，如进口配额、进口许可证、外汇管制等已在国际贸易中得到了广泛的应用。

非关税措施与世界贸易自由化的趋势是相违背的，关贸总协定早在第七轮多边关税贸易谈判中就第一次将矛头指向了非关税措施，提出减少、消除非关税措施及其对贸易的限制及不良影响，但非关税措施种类繁多、层出不穷，关贸总协定也没能对每一种非关税措施做出具体规定。因此，非关税措施更多采用"灰色区域措施"以绕开相关法律和规定的直接约束。这在一定程度上构成了对以世界贸易组织为主体的国际贸易体系的威胁。

### （二）非关税措施的特点

#### 1. 灵活性和针对性

关税固然有较强的保护效应，但它也有许多无法摆脱的局限性。首先，各国关税政策的制定与调整必须经过严格的法律程序，关税税率的提高受到国内经济政治因素以及国际压力等多方面的制约。如果是世界贸易组织成员，成员一方调整进口关税税率时还要受到多边贸易体制的约束，且有时受到对方的报复。其次，关税壁垒在一定条件下还可能被垄断组织的商品倾销或一国的外汇倾销所突破。最后，关税提高易引起国内通货膨胀，而通货膨胀本身对关税的保护效应具有抵消作用。

非关税措施的实施则可以巧立名目，不断翻新花样，随时进行调整，绕过各种成文限制，避开一切非成文障碍。因此，非关税措施具有较强的灵活性和针对性。

### 2. 有效性和直接性

关税壁垒是通过征收高额关税，提高进口商品成本和价格，削弱其竞争力，间接地达到限制进口的目的。但出口国若采用出口补贴、商品倾销等办法降低出口商品的成本和价格，那么通过影响价格来限制进口的关税措施的保护作用就大为减弱，关税措施可能无法达到预期效果。而有些非关税措施对进口的限制是绝对的，如技术壁垒，不能达到技术指标，就直接把进口商品拒之门外，实现关税措施未能达到的目的。因而，这种限制能更有效、更直接地保护本国生产与本国市场。

### 3. 隐蔽性和歧视性

关税的税率经法律程序确定后，往往要以法律形式公之于众，并依法执行。与关税壁垒不同，非关税措施既能以正常的海关检验要求和进口国有关行政规定、法令条例的名义展现，又可以巧妙地隐蔽在具体执行过程中而无须做出公开规定，人们往往难以清楚地辨识和有力地反对这类政策措施。一些非关税措施常常不公开，或规定极为烦琐、复杂的标准和手续，使出口厂商难以应付。另外，一些国家往往针对某一国采取相应的非关税措施，便产生了非关税措施的差别性和歧视性。

# 第二章　现代物流发展

本章的主要内容为现代物流发展。主要介绍了物流的定义及发展历史、现代物流的主要特征、现代物流的发展模式、现代物流的发展方向、我国现代物流的发展状况五个方面的内容。

## 第一节　物流的定义及发展历史

### 一、物流概念的产生和发展阶段

#### （一）物流概念的孕育阶段

20 世纪初，在北美和西欧一些国家，随着工业化进程的加快以及大批量生产和销售的实现，人们开始意识到降低物资采购及产品销售成本的重要性。单元化技术的发展，为大批量配送提供了条件，同时也为人们认识物流提供了可能。在这个时期，经历了两次世界大战，军事后勤的补给对于战争的胜负起着至关重要的作用，因而产生了以下两种概念。

1. 营销学派的物流概念

美国市场营销学者阿奇·萧（Arch Shaw）1915 年在《经营问题的对策》一书中，初次论述物流在流通战略中的作用。同年，威尔德指出市场营销能产生三种效用，即所有权效用、空间效用和时间效用，他还提出了流通渠道的概念。应该说，这是早期对物流活动较全面的一种认识。阿奇·萧于 1921 年提出了物流的概念，即 Physical Distribution（简称"PD"）。他在有关物流的书中指出，在市场分销中，存在两类活动：一类是创造需求；另一类是物资实体分配。这两类活动是不同的，但在市场分销中，它们是互相平衡、互相依赖的。在市场分销中发生的重大失误，往往是由于在这两类活动之间缺乏协调造成的。营销专家弗莱德·E.克拉克于 1929 年在《市场营销的原则》一书中，将市场营销定义为"商品所有权转移所发生的各种活动以及包含物流在内的各种活动"，从而将物流纳入市场经营行为的研究范畴之中，将流通机能划分为交换机能、物流机能和辅助机能三部分，将物流活动真正上升到理论高度加以研究和分析。1927 年，拉尔夫·布索迪在《流通时代》一书中初次用 logistics 来称呼物流，为物流的概念化奠定了基础。

1946 年，美国正式成立了美国运输与物流协会，这是美国第一个关于对专业输送者进行考查和认证的组织。

这一时期可以说是美国物流的萌芽和初始阶段。总体来看，在这一时期，尽管物流已经开始得到人们的普遍重视，但在地位上，物流仍然被当作流通的附属机能看待，也就是说，物流是流通机能的一部分。

2. 军事后勤学派的物流概念

美国少校琼西·贝克于 1905 年在《军队和军需品运输》一书中提出了物流的概念。他是从军事后勤的角度提出这一概念的，称物流是"与军备的移动与供应有关的战争的艺术的分支"。在第二次世界大战中，美国的反法西斯战线拉得很长、很宽，从某种意义上说，美国庞大的军事后勤补给决定了战争的胜负。美军邀请著名的管理学家、运筹学家、军事专家共同组成课题组，研究军事物资的采购、运输、储存、分配、保养以及废弃后处理的一体化方案，并将此方案称为"后勤学"。其基本思想是把战争物资从供应地运送到作战前线的整个流通过程作为一个系统，把各个环节，如军用物资的仓储、运输、保养、运送到各个战区等作为子系统，研究如何提高效率、降低成本，并且能及时而准确地发挥军用物资在战争中的作用。他们提出的后勤学的基本原则、运行规律、各种措施和方法形成了物流的基本思想和理论框架。美国军事兵站后勤活动的开展以及英国在战争中对军用物资的调运的实践都大大充实和发展了军事后勤学的理论、方法和技术，并因此而促进了物流学说的发展。

## （二）分销物流概念阶段

1. 分销物流概念的发展和完善

第二次世界大战后，美国的经济迅速发展，先进生产理论和观念不断引入，新技术不断出现，管理水平不断提高，促进了生产力水平的大幅度提高。产品的极大丰富和激烈的市场竞争迫使生产者必须降低产品成本、提高产品质量。

物流逐渐为管理学界所重视，企业界也开始注意到物流在经济发展中的作用，将改进物流管理作为激发企业活力的重要手段。这一阶段是物流快速发展的重要时期。1954 年，在美国波士顿召开的第 26 次波士顿流通会议上，鲍尔·康柏斯发表了题为《物流是市场营销的另一半》的演讲。他指出，无论是学术界还是实业界都应该重视认识和研究市场营销中的物流，真正从战略的高度来管理、发展物流。应该讲，这是物流管理发展的一个里程碑。1956 年，霍华德·T.莱维斯、吉姆斯·W.克里顿和杰克·D.斯蒂勒联合撰写了《物流中航空货运的作用》一书。他们指出，航空货运尽管运费比较高，但是由于它能直接向顾客进行商品配送，因而节约了货物的在库维持费和仓库管理费，因此，应当从物流费用的总体上来评价运输手段的优缺点。霍华德等学者的研究第一次在物流管理中导入了整体成本的分析概念，深化了物流活动分析的内容。

现代市场营销观念的形成使企业管理者意识到令顾客满意是实现企业利润的唯一手段，顾客服务成为经营管理的核心要素，物流在为顾客提供服务上起到了重要作用，物流特别是配送得到了快速发展。1960 年，美国的雷神公司建立了最早的配送中心，结合航空运输系统为美国市场提供物流服务。

1961 年，爱德华·W.斯马凯伊、唐纳德·J.鲍尔索克斯和弗兰克·H.莫斯曼联合撰写了《物流管理》，这是世界上第一本介绍物流管理的教科书。在该书中，他们详细论述了物流系统以及整体成本的概念，为物流管理成为一门学科奠定了基础。20 世纪 60 年代初期，密歇根州立大学以及俄亥俄州立大学分别在大学部和研究生院开设了物流课程，成为世界上最早把物流管理教育纳入大学学科体系的学校。

1962 年，美国著名管理学家彼得·德鲁克在《财富》杂志上发表了题为《经济的黑暗大陆》一文，提出了物流是降低成本的最后领域，强调应当高度重视物流管理，从而对实业界和理论界产生了重大的影响，使人们逐渐认识到物流是"第三利润源泉"。

1963 年，美国物流管理协会成立，该协会集中了物流实业界和教育界的专家，通过对话和讨论，促进了对物流过程的研究和理解及物流管理理论的发展，推动了物流界与其他组织的联系与合作。

1969 年，唐纳德·J.鲍尔索克斯在《市场营销杂志》上刊登了《物流的发展——现状与可能》，对物流概念的过去、现状和未来发展进行了全面分析。

在这一时期，很多有关物流的论文、著作、杂志开始大量涌现，有关物流管理研讨的会议也开始频繁召开，这些都推动了物流管理学的形成以及物流管理实践的广泛推广。

分销物流学主要把物流看成运输、储存、包装、装卸、加工（包括生产加工和流通加工）、物流信息等各种物流活动的总和。分销物流学主要研究这些物流活动在分销领域的优化问题。分销物流学在各个物流专业的理论和应用发展上取得了很大的进展，如系统理论、运输理论、配送理论、仓储理论、库存理论、包装理论、网点布局理论、信息化理论以及这些理论的技术应用等。

2. 分销物流概念从美国走向世界

20 世纪 50 年代中期，日本派了一支 12 人组成的流通技术专业考察团在美国各地进行了实地考察，首次接触到物流这个"新事物"。日本考察团在详细了解物流后，于 1958 年第一次提及了"PD"这个概念，并马上被产业界接受，开始加以研究和不断创新，在日本掀起了流通领域的一场革命。配送中心、物流中心相继产生，企业中的物流部门开始形成，一些零散的、规模较小的运输和仓储企业联合起来组成了大型的物流企业，如至今在世界上仍很著名的日本运通公司、佐川急便等。日本政府在 1965 年的《中期五年经济计划》中，强调了要实现物流的近代化。作为一项具体措施，日本政府开始在全国范围内进行高速路网、港口设施、流通聚集地等基础设施建设。这一时期是日本物流设施大发展时期，原因在于社会各方面对物流的落后和物流对经济发展的制约都有了共同的认识。随着分销物流业的发展，物流产业和物流管理学逐渐形成，并在 20 世纪 70 年代达到了高潮，大有后来居上之势，出现了一批如阿保荣司、宇野正雄等物流学家。在这一时期，日本物流企业整合物流资源，对推动日本经济发展起到了很大的作用。

同样，这样的物流概念也逐渐流行到西欧和其他国家。20 世纪 70 年代末传到了中国。基本上，世界各国都普遍接受了这样的物流概念和物流管理学。

## （三）物流国际化、信息化及迅速发展阶段

20 世纪 80 年代以来，随着科技进步和经济发展步伐加快以及世界经济一体化的趋势，国际贸易量大大增加。20 世纪 90 年代早期，美国进出口贸易在世界上占领先地位。另外，为降低成本，不少企业纷纷把加工厂转移到劳动力便宜的国家和地区。为了促进产品的销售，各企业也热衷于建设自身的全球网络，如可口可乐、百事可乐等企业通过遍及全球的物流网络扩大世界范围的服务。沃尔玛和其他的主要零售商建立了自己的自由贸易区。国际物流量的增加使物流业在美国占有越来越重要的地位。20 世纪 90 年代以来，第三方物流在美国得到迅速发展，整个美国物流行业的产值从 1994 年约 160 亿美元增长到 1995 年的 250 亿美元。

为了满足物流服务国际化、服务形式多样化和快速反应的要求，物流信息系统和电子数据交换技术以及互联网、条形码、卫星定位系统（GPS）、无线电射频技术在物流领域中得到越来越广泛的应用，物流向信息化、网络化、智能化方向发展。这不仅使物流企业和工商企业建立了更为密切的关系，也使物流企业能为客户提供更高质量的服务，并且开始延伸到行业供应链的各个层面。

## 二、对现代物流的认识

现代物流并非只是物品的流通这样简单，而是包含了众多系统在内的一个大系统，但由于从业人员多受自身条件、环境的影响，对物流的理解便出现许多差异。从我国目前的情况来看，管理者将物流理解为物流系统的管理科学；运输部门仅考虑物流活动中的物品运动状态；仓储部门考虑的仅仅是物资的储存与保管等。我们知道，物流本身并不仅仅是运输、仓储、装卸、搬运、管理等单一运作体系，而是包含了运输、储存、包装、装卸、流通加工、配送、信息在内的一套完整的服务系统，但是我国现今的物流理论很少将物流理解为服务，这是对物流服务本身认识不到位导致的。

### （一）物流的定义

物流虽已被广泛应用，但由于所处的立场和观点不同，对物流的理解也不尽相同，到目前为止，日本、美国有关的经济组织对物流所下的定义也不同。

①美国营销协会在 20 世纪 50 年代对物流的定义为，物流是对生产阶段到消费或利用阶段物资移动及货物处理活动的管理。这里将物流理解为一种管理活动。

②美国物流管理协会在 20 世纪 80 年代对物流的定义为，物流是将原材料、半成品及产品，由生产地送达消费地的所有流通活动。其内容包括用户服务、需求预测、情报信息联系、物料搬运、订单处理、选址、采购、包装、运输、装卸、废弃物处理及仓储管理。这个定义将物流解释为更为宽泛的管理活动。

③日本物流调查会 20 世纪 60 年代对物流的定义为，物流是制品从生产地到最终消费者的物理性转移活动，具体是由包装、装卸、运输、保管以及信息等活动组成。这个定义将物流的内容及服务对象限定在生产企业的产品上，而将个体及流通行业排除在外。

## （二）我国对于物流的解释

王之泰教授在《现代物流学》中将物流定义为：物流是物质资料从提供者到需求者的物理性运动，主要创造时间价值和场所价值，有时也创造一定加工价值的活动。

崔介何教授在《物流学概论》中将物流定义为，物流是物质资料从供应者到需要者的物理性流动，是创造时间和空间价值的经济活动。

以上定义都仅仅是从物流的物理性感知上加以认识的。

我国 2021 年颁布的《中华人民共和国国家标准：物流术语》中，对物流的定义为根据实际需要，将运输、储存、装卸、搬运、包装、流通加工、配送、信息处理等基本功能实施有机的结合，使物品从供应地向接收地进行实体流动过程。在这个定义中，物流涵盖的范围非常大，只要与物品流动的环节与过程有关联，就认为是物流。按这样的定义理解，传统的运输、仓储、包装、装卸是物流，码头作业和港口作业也是物流，物流园区、物流基地或物流中心是物流，快递是物流，邮政是物流，配送是物流，信息处理也是物流，甚至交通道路建设和通信基础设施建设都可以归属于物流。这些虽然属于物流范畴，但是并非都是真正意义上的物流。

从上面的定义我们可以看出，物流涵盖了与物品流动相关联的所有过程与环节，是一个完整的体系。它其实是包含了运输、仓储、包装、装卸、流通加工、配送及信息系统在内的庞大系统，这其中的每一项内容原本都是自成体系的，而物流则是涵盖了这样子系统的大系统。也正是由于物流系统的复杂和庞大，人们对于物流的理解也就不同。

我们认为，物流是指包含运输、仓储、包装、装卸、搬运、配送、流通加工和信息处理在内的综合系统，其实质是子系统的各项功能在物品实体流动过程中有效配合的综合运用。因为子系统不能单独或独立实现物品的流动功能，我们不能将子系统中的任何一项单独分开而称之为物流本身，只有将子系统的功能完整结合，才是一个完整的物流过程。因此，物流系统应当是完善了子系统功能的一个大系统，将其中任何一项理解为物流的认识都是错误的。

# 第二节　现代物流的主要特征

## 一、物流的基本构成

物流的基本构成包括运输、储存、装卸、搬运、包装、流通加工、信息处理。如果从物流活动的实际工作环节来考察，物流就是由上述七项具体工作构成的，即物流具有上述七项功能，其中运输和储存是主要功能，其他功能是伴随运输和储存过程而发生的辅助性功能。

### （一）运输

运输是指用设备和工具，将物品从一个地点向另一个地点运送的物流活动。其中包括集货、分配、中转、分散等一系列操作。

### （二）储存

储存是指保护、管理、储藏物品，即按照一定原则，将物品存放在适宜的场所和位置，并按照一定的要求，对物品进行必要的保养和维护。

### （三）装卸

装卸是指物品在指定地点以人力或机械装入运输设备或卸下，即物品以垂直方向为主的空间位移。

### （四）搬运

搬运是指在同一场所内，对物品进行水平移动为主的物流作业，即物品以水平方向为主的空间位移。

### （五）包装

包装是指为在流通过程中保护产品、方便运输、促进销售，按一定技术方法而采用的容器、材料及辅助物等的总体名称，也指为了达到上述目的而采用容器、材料及辅助物的过程中施加一定技术方法的操作活动。

### （六）流通加工

流通加工是指物品在从生产地到使用地的过程中，根据需要施加包装、分割、计量、分拣、刷标志、挂标签、组装等简单作业的总称。

### （七）信息处理

信息处理是指对于反映物流各种活动内容的知识、资料、图像、数据、文件等进行收集、整理、储存、加工、传输和服务的活动。

## 二、物流的分类

### （一）按物流研究范围的大小分类

#### 1. 宏观物流

宏观物流是指社会再生产总体的物流活动，是从社会再生产总体角度认识和研究的物流活动。这种物流活动的参与者是构成社会总体的大产业或大集团。宏观物流研究社会再生产总体物流，研究产业或集团的物流活动和物流行为。宏观物流还可以从空间范畴来理解，在很大空间范畴内的物流活动往往带有宏观性，在很小空间范畴内的物流活动则往往带有微观性。宏观物流也指物流全体，从总体看物流而不是从物流的某一个构成环节来看物流。因此，在物流活动中，以下应属于宏观物流，即社会物流、国民经济物流和国际物流。宏观物流研究的主要特点是综观性和全局性。宏观物流主要研究内容包括物流总体构成、物流与社会的关系与在社会中的地位、物流与经济发展的关系、社会物流系统以及国际物流系统的建立和运作等。

#### 2. 微观物流

微观物流是指消费者、生产者、流通企业所从事的实际的、具体的物流活动。此外，在整个物流活动中，一个局部、一个环节的具体物流活动属于微观物流，在一个小地域空间内发生的具体的物流活动属于微观物流，针对某一种具体产品所进行的物流活动也是微观物流。我们经常涉及的以下物流活动皆属于微观物流，即企业物流、生产物流、供应物流、销售物流、回收物流、废弃物物流和生活物流等。微观物流研究的特点是具体性和局部性。因此，微观物流是更贴近企业的物流。

### （二）按物流业务活动的性质分类

按物流业务活动的性质分类可以分为供应物流、生产物流、销售物流、回收物流和废弃物物流。

#### 1. 供应物流

供应物流是指企业（包括生产企业和流通企业）的物质资料从生产者或中

间商的供应开始，到购入后投入生产前的物流活动。它是为确保生产企业正常运转所需的原材料、零件或其他物品的采购、供应等物流活动。

### 2. 生产物流

生产物流是指从工厂的原材料购进入库起，直到工厂成品库的成品发送为止的这一过程的物流活动。生产物流是制造型企业所特有的物流过程，它和生产加工工业流程同步，如果生产物流中断，生产过程也就随之停顿。生产物流对工厂的生产秩序、生产成本有很大的影响。生产物流均衡稳定，可以保证在制品顺畅流转和机器设备负荷均衡，压缩在制品库存，缩短生产周期，降低生产成本。

### 3. 销售物流

销售物流是指在企业成品库、流通仓库或工厂分发销售过程中所产生的物流活动，包括生产厂商直接销售和流通企业销售。销售物流是企业物流系统的最后一个环节，它与企业销售系统相配合，共同完成产品的销售任务。在现实的买方市场中，销售物流活动便带有很强的服务性，以满足买方的要求，最终实现销售。因此，销售物流的空间范围很大，这也是其发展难点所在。在这种前提下，企业销售物流的特点是通过包装、送货、配送等一系列物流活动实现销售。这就需要企业研究送货方式、包装水平和运输路线等，并采取各种诸如少批量、多批次，定时、定量配送等特殊的物流方式以达到目的。

### 4. 回收物流

回收物流是针对在生产、供应和销售过程中产生的各种边角余料、废料、残损品的处理等发生的物流活动。如果对回收物流的处理不当，会造成资源浪费或环境污染。

### 5. 废弃物流

废弃物流是指将经济活动中失去原有使用价值的物品根据实际需要进行收集、分类、加工、包装、搬运及储存等，并分别送到专门处理场所时所形成的物流活动。废弃物流仅从环境保护的角度出发，不管对象有没有利用价值，都要将其妥善处理，以免造成环境污染。

## （三）按物流作业执行者的角度进行分类

按物流作业执行者的角度，物流可以分为第一方物流、第二方物流、第三方物流和第四方物流。

1. 第一方物流

第一方物流也称作企业自营物流，是指生产制造企业自行组织的物流。一般来说，工业企业第一方物流包含三个层次。

（1）物流功能自备

企业自备仓库、车队等，拥有一个自我服务的体系。这其中又包含两种情况：一是企业内部各职能部门彼此独立地完成各自的物流使命；二是企业内部设有物流运作的综合管理部门，通过资源和功能的整合，专设企业物流部或物流公司来统一管理企业的物流运作。

（2）物流功能外包

一是企业将有关的物流服务委托给物流公司去做，即从市场上购买有关的物流服务，如由专门的运输公司负责原料和产品的运输；二是物流服务的基础设施为企业所有，但委托有关的物流公司来进行运作，如请仓库管理公司来管理仓库，或请物流公司来管理现有的企业车队。

（3）物流系统组织

企业既不拥有物流服务设施，也不设置功能性的物流职能部门，而是通过整合市场资源的办法获得相应的物流服务，包括供应链的设计、物流服务标准的制定、供应商和分销商的选择等，直至聘请第三方物流企业来提供全部的物流服务。

2. 第二方物流

第二方物流是指买方（包括销售者或者流通企业）组织的物流活动。这些组织的核心业务是采购并销售商品，为了销售业务需要而投资建设物流网络、物流设施，并进行具体的物流业务运作和管理。严格地说，从事第二方物流的公司属于分销商。

3. 第三方物流

第三方物流是指生产经营企业为集中精力搞好主业，把原来属于自己处理的物流活动，以合同方式委托给专业物流服务公司，同时通过信息系统与物流公司保持密切联系，以达到对物流全程管理和控制的一种物流运作与管理方式。因此，第三方物流又叫合同制物流。

第三方物流既不属于第一方，也不属于第二方，而是通过与第一方或第二方的合作来提供其专业化的物流服务，它不拥有商品，不参与商品的买卖，而是为客户提供"以合同为约束、以结盟为基础"的系列化、个性化、信息化的物流代理服务。最常见的第三方物流服务包括设计物流系统，报表管理，货物集运，选择承运人、货代人，海关代理，信息管理，仓储，咨询，运费支付和运费谈判等。

### 4.第四方物流

第四方物流是1998年由美国埃森哲咨询公司率先提出的，专门为第一方、第二方和第三方提供物流规划、咨询、物流信息系统和供应链管理等服务。第四方并不实际承担具体的物流运作活动，而是通过其拥有的信息技术、整合能力以及其他资源提供一套完整的供应链解决方案，以此来获取一定的利润。

## 三、现代物流的基本特征

2003年，国家经贸委等六部委联合发布的《关于加快我国现代物流发展的若干意见》中对现代物流的定义是，现代物流是指原材料、产成品从起点至终点及相关信息有效流动的全过程。它将运输、仓储、装卸、加工、整理、配送、信息等方面有机结合，形成完整的供应链，为用户提供多功能、一体化的综合性服务。

现代物流的基本特征可归纳为以下五个方面。

### （一）物流过程一体化

其主要体现在供应链的运作和管理上。物流不再是单个的功能部门，而是整个从采购开始经过生产过程和货物配送到达用户的环环相扣的运作和管理，竞争也上升为供应链之间的竞争。

### （二）物流作业专业化

物流作业广泛应用了专业化、标准化、智能化的先进技术与设备，提高了效率。

### （三）物流活动信息化

信息化渗透至物流活动的每一个领域，利用信息优势开展全球性的经营活动。

### （四）物流活动社会化

其突出表现在第三方物流与物流中心的迅猛发展上。

### （五）物流活动国际化

在产业发展的浪潮中，物流的选择和配置也超出国界，着眼于全球大市场。

## 四、现代物流的新特征

现代物流发展如同人类社会文明的发展一样，是一个循序渐进的、动态的发展过程，其特征是不断变化的。具体来说，现代物流主要有以下六个新特征。

### （一）科学性

物流的科学性主要表现在，发达国家不但拥有专门的物流科学机构和从事物流科学的专业人员，而且建立了完整的、系统的、全面的物流科学研究、教育、培训体系。在其发展过程中，物流作为一门年轻的学科不断从其他学科中汲取营养，不断应用其他学科的成果（如分销管理、运输管理、物资管理和其他技术学科等），从而形成了一个相对独立的学科。同时，物流还与市场营销、运作管理、供应链管理、电子商务等学科融会贯通，促进了整个管理科学的发展。

### （二）系统性

物流系统性是系统科学在物流管理中应用的结果。系统科学在物流管理领域中得到了广泛的应用，人们利用系统科学的思想和方法建立了物流系统。其主要包括社会物流系统和企业物流系统。从系统科学的角度来看，物流也是社会大系统的一个组成部分。

### （三）准时性

物流准时性是指通过准时供应，减少生产环节以外的库存，从而降低生产成本。它是指上游产品在规定的时间内，准确且及时地满足下游产品生产的需求。除了数量和质量之外，其强调的是时间，既不能超前或提前，也不能滞后或落后。无论是在上游生产之后还是在下游生产之前都不应存在超出规定的或者不合理的库存。

准时性生产的基础是与之相适应的卓越的物流管理。物流是生产准时性实现的关键。满足准时性生产的或者与准时性生产同步的协同运作的物流就是准时性物流。

### （四）服务性

在消费多样化、生产小量化、流通高效化的时代，服务性是现代企业物流的本质特征。企业物流的服务性主要表现在以下两个方面。

1. 物流柔性化

物流柔性化是企业物流系统在为企业生产经营活动服务，为物流客户服务的过程中，本着"以需求为导向，以顾客为中心"的经营理念而提出的。物流柔性化就是根据企业物流需求的变化来重组物流资源，科学设计物流系统，灵活安排物流作业。物流柔性化必须适应现代生产发展的弹性制造系统、计算机集成制造系统、制造资源系统、企业资源计划以及供应链管理的概念和技术，不断创新和发展物流系统的服务方式。

2. 物流增值性

物流增值性就是企业通过物流系统提供的物流服务，以降低成本费用，创造时间和空间效应，实现商品和服务价值的增值。

### （五）专业性

物流专业性至少包括以下两个方面的内容。

1. 专业部门

在企业中，物流管理作为企业的一个专业部门独立地存在并承担专门的职能。随着企业的发展和企业内部物流需求的增加，企业内部的物流部门可能从企业中分离出去成为具有社会化与专业化的物流企业。

2. 专业企业

在社会经济领域中，出现了专业化的物流企业，提供着各种不同的物流服务，并进一步演变成为服务专业化的物流企业。

### （六）协作性

经济全球化的发展通过更大范围、更快速度改变了市场交易方式，也改变了市场经济的竞争模式。企业物流发展与之相适应就表现出协作性特点。

1. 物流系统内部协作

这是物流系统各部门、各环节以及各功能要素之间为了实现共同的目标而产生的协作，是物流运行效率的基础。

2. 物流系统外部协作

从供应链思想来看，企业物流系统只是整个供应链的一个部分。为了提高供应链整体价值，保证供应链各环节的有序进行，就需要参与供应链中的各个部门相互配合、共同努力，进行广泛的协作。

## 五、现代物流系统的层次

物流系统通过管理层、控制层和作业层三个层次的协调配合实现其总体功能。

## （一）管理层

管理层的任务是对整个物流系统进行统一的计划、实施和控制。其主要内容有物流系统战略规划、系统控制和成绩评定，以形成有效的反馈机制和激励机制。

## （二）控制层

控制层的任务是控制物料流动过程，主要包括订货处理与顾客服务、库存计划与控制、生产计划与控制、用料管理和采购等。

## （三）作业层

作业层的任务是完成物料的时间转移和空间转移，主要包括发货与进货运输、厂内装卸、搬运、包装、保管和流通加工等。

由此可见，企业物流活动几乎渗透到制造企业的所有生产活动和管理工作中，对企业的影响很大。

# 第三节　现代物流的发展模式

## 一、企业物流模式

### （一）企业物流系统的输入——供应物流

企业供应物流是指企业生产所需的一切生产资料的采购、进货运输、仓储、库存管理、用料管理和供料运输。供应物流与生产系统、搬运系统、财务系统等企业内部及企业外部的资源市场、运输条件等密切相关。将在 2021 年 12 月正式实施的《中华人民共和国国家标准：物流术语》中，对供应物流的定义是，为生产企业提供原材料、零部件或其他物品时所发生的物流活动。

企业的生产是以充足的原材料、燃料、辅料、零部件等作为前提条件的。而这些物料如果没有及时到位，生产就不能进行。可见，原材料、燃料、零部件、辅料的及时和充足供应对生产起着重要作用。

一般来说，企业采购的零部件和辅料要占到最终产品销售价值的40% ～ 60%。这意味着，在获得物料方面所做的成本节约对利润产生的影响，要大于企业其他领域内相同数量的节约给利润带来的影响。同时，企业作为大批量商品生产的主体，也需要大批量商品的采购。例如，一辆典型的家用四门轿车一般包括 6 000 多个零部件，货车的零部件总数达到 7 000～8 000 个。这么多的零部件都是通过采购获取的。维持汽车装配线的正常运行就需要强有力的供应活动来保证。

人们对供应物流的认识经过了购买、采购、供应三个阶段。人们对供应物流的最初认识就是购买，当然，购买行为比较简单，是最原始的阶段。第二个阶段是采购，采购的外延比购买广泛，包括购买、储存、运输、接收、检验、废料处理。近年来，随着供应链管理的兴起，"供应"一词正在逐步取代"采购"。供应是采购部门实现业务增值的活动，它是以流程为导向的，不断强化与供应商的关系。

1. 供应物流的基本程序

供应物流的基本程序是先取得资源，然后将所需资源合理组织到企业，再根据企业内各部门的需要计划组织内部物流（如图 2-4-1 所示）。

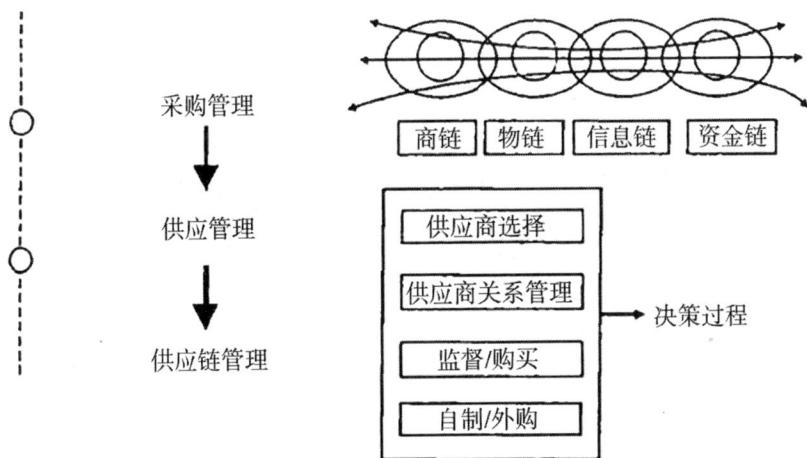

图 2-4-1　企业供应链变化

2. 供应物流的组织模式

企业的供应物流有以下三种组织模式：
①委托社会销售企业代理供应物流。
②委托第三方物流企业代理供应物流。
③企业自供物流。

## （二）企业物流系统的转换——生产物流

不同的生产过程有着不同的生产物流，生产物流的模式取决于下列因素。

### 1. 生产类型

企业的生产类型是生产的产品产量、品种和专业化程度在企业技术、组织和经济上的综合反映和表现。它在很大程度上决定了企业和车间的生产结构、工艺流程和工艺装备的特点。生产过程的组织形式及生产管理方法同时也决定了与之匹配的生产物流类型。不同的生产类型，它的产品品种、结构的复杂程度、精度等级、工艺要求以及原料准备等不尽相同。这些特点影响着生产物流的构成以及构成要素相互间的比例关系。在通常情况下，企业生产的产品产量越大，产品的品种则越少，生产专业化程度也越高，而物流过程的稳定性和重复性也就越大；反之，企业生产的产品产量越小，产品的品种则越多，生产的专业化程度也越低，而物流过程的稳定性和重复性亦越小。可见，物流类型与决定生产类型的产品产量、产品品种和专业化程度有着内在的联系，并对生产组织产生不同的影响和要求。

### 2. 生产规模

生产规模是指单位时间内的产品产量，通常以年产量来表示。如果生产规模越大，那么生产过程的构成环节就越齐全，物流量也越大。如大型企业铸造生产中有铸铁、铸钢、有色金属铸造之分。反之，生产规模小，生产过程的构成环节就没有条件划分得很细，物流量也较小。

### 3. 企业的专业化与协作水平

企业专业化和协作水平提高，其内部生产过程就趋于简化，物流流程缩短。某些基本工艺阶段的半成品，如毛坯、零部件等，就可由其他专业工厂提供。

合理组织生产物流的基本要求如下：

（1）物流过程的连续性

企业生产是一道工序、一道工序地往下进行的，因此就要求原料能顺畅地、最快地、最节省地走完各个工序，直至成为产品。每个工序的不正常停工都会造成不同程度的物流阻塞，影响整个企业生产的进行。

（2）物流过程的平行性

一家企业通常生产多种产品，每一种产品又包含着多种零部件。在组织生产时，企业要将各个零部件分配在各个车间的各个工序上，因此就要求各个支流平行流动，如果一个支流发生问题，整个物流都会受到影响。

（3）物流过程的节奏性

物流过程的节奏性是指在产品生产过程中的各个阶段——从投料到最后完成入库——都能保证按计划、有节奏地、均衡地进行，要求在相同的时间间隔内生产数量大致相同，能够均衡地完成生产任务。

（4）物流过程的比例性

组成产品生产过程的各个物流量是不同的，而且有一定的比例，因此形成了物流过程的比例性。

（5）物流过程的适应性

当企业产品更新换代或品种发生变化时，生产过程应具有较强的应变能力。也就是说，生产过程应具备在较短的时间内可以由一种产品的迅速生产转为另一种产品的生产能力。物流过程同时应具备相应的应变能力，与生产过程相适应。

### （三）企业物流系统的输出——销售物流

销售物流是生产企业、流通企业在出售商品时，商品从供方向需方的实体流动。

销售物流有三种组织模式。

①由生产者企业自己组织销售物流。

②委托第三方组织销售物流。

③由购买方上门取货。

## 二、绿色物流模式

### （一）绿色物流概述

绿色物流是指以减少资源浪费、减轻环境污染、减少资源消耗为目标，借助先进物流技术规划和实施的运输、储存、包装、装卸、流通加工等物流活动。它也是一种快捷有效的针对绿色产品和服务的流动绿色经济管理活动，也可称为环保物流。总之，那些不会有损生存地域环境的物流被称作绿色物流。专业物流企业是绿色物流的主要行为主体，相关生产商、销售商、客户等也与其有所关联。

常见的物流活动的目标有实现企业的销售盈利、提高企业的服务水平、满足客户所需、提高行业占有率等，这些目标都是为了提高企业经济效益。与常见的物流活动不太相同，绿色物流除了实现常见目标外，同时还不断追求节能、节源与环境保护这类社会经济性目标。值得一提的是，从企业利益视角出发，节约资源、保护环境与获得经济利益，这三者的目标实际上是相同的，不过对于某些特定的物流公司而言，这三者是相反的、矛盾的。绿色物流不单单具有一般物流的特点，还有着多目标性、多层次性、时域性和地域性等特点。

1. 多目标性

多目标性意味着企业在进行物流活动时，需要立足实际，坚持走可持续发展之路，大力提高保护生态环境的意识，追求经济效益和生态环境的有机结合，实现经济效益、顾客利益、社会效益与生态环境效益四者的协同发展。另外，绿色物流的各个目标既相互矛盾又相互制约，如果某个目标达成度提高，那么其他目标的达成度就会下降。所以，绿色物流必须解决的问题是，如何从可持续发展的角度出发，以生态环境效益为基准，促使其他三个效益得到发展，实现多目标的平衡协调。

2. 多层次性

绿色物流的多层次性包括下列内容：

第一，从管理和控制主体出发，绿色物流系统可划分为宏观层次的社会决策层、中观层次的企业管理层和微观层次的作业管理层。社会决策层通过制定政策来进行绿色观念的宣传；企业管理层则是与其他企业进行合作协调，一同完成双方供应链的优化升级，实现对企业绿色物流系统的规划和控制，从而创造高效的循环物流系统，实现资源的优化再利用；作业管理层是绿色化物流过程，在包装、运输方面实现环保绿色化以及实现流通加工绿色化等。

第二，从系统的角度来看，多个单元（或子系统）构成了绿色物流系统，包括绿色包装子系统、绿色存货子系统以及绿色运输子系统等。也可以根据不同的角度，对子系统进行更为细化的分类，各个子系统有着各自的层次，和不同层次的子系统相辅相成，最终形成一个有机系统。这个有机系统能够优化自身结构，促进绿色物流系统的进一步完善，最终实现绿色物流系统的整体目标。

3. 时域性和地域性

时域性就是指绿色物流管理活动贯穿产品生命周期的全过程，包括从原料供应，生产，成品的包装、运输、分销，直到报废、回收的整个过程。地域性的表现形式有两种：一种是因为经济全球化，世界各地联系密切，绿色物流活动早已不再受空间限制，跨地域发展迅速；另一种是指绿色物流管理活动不能单单依靠一个或几个企业的力量，它需要供应链上所有企业的积极响应和参与。

## （二）发展绿色物流的价值

发展绿色物流不仅有利于生态环境建设与循环经济的优化发展，还能提高企业的经济效益。企业要想提高经济效益，发展绿色物流不失为一个好方法。

1. 绿色物流的社会价值

绿色物流始终贯彻减少环境污染、实现生态环境和谐这两个原则。发展绿色物流不仅可以加快循环经济的发展步伐，还有利于社会文化与社会经济的建设。企业实施物流绿色化管理不仅能带来经济效益，还能树立良好的企业形象，提升企业信誉，履行企业责任。

发展绿色物流给企业带来的社会价值具体表现在以下方面：①企业发展绿色物流不仅能给企业带来经济效益，也能使企业树立良好的企业形象，有利于企业提升信誉。企业管理学提出，企业不应单单注重经济效益，更应该将树立企业形象放在重要位置上，提升企业信誉，履行社会责任。②实施绿色物流管理的企业可以得到ISO14000环境管理系列标准认证，这一认证会吸引消费者主动购买那些企业的产品，从而使企业提高知名度，为社会做更大贡献。

2. 绿色物流的经济价值

生态系统与经济系统之间存在固有的平衡联系。在严格的环境标准下，企业会选择环保的物流方式，也在一定程度上迫使自身提高资源利用率，进而减少成本费用，在竞争者中脱颖而出。因此，解决环境问题的结果是利大于弊的，虽然此举增加了成本，但环境问题的解决会提高经济效益，给企业带来发展机遇，提高企业竞争力。

实施绿色物流管理为企业创造的经济价值体现在以下几个方面。①绿色物流可以帮助企业树立良好形象，推动企业文化建设，打造品牌。②有利于企业提高资源利用率，节约资源，制订科学合理的运输方式与产品库存方案，在降低物流成本的同时，提高工作效率，使企业获得更多经济效益。③回收、再利用自然资源，发展逆向物流，促进资源、能源的循环再利用，降低企业原材料成本，提高企业服务质量。

## （三）绿色物流系统

### 1. 绿色采购物流

绿色采购物流是指原材料采购活动的绿色化，还有对绿色供应商的评价选择、采购运输活动的绿色化。在绿色采购物流中，供应商提供的绿色原材料十分重要，因为它决定了产成品的绿色化程度。

企业在选择产品的原材料和零部件时，首先要考虑其安全性还有环保性，确保用户的使用安全及废物的回收利用，减少污染和浪费，实现绿色环保。所以绿色采购物流的第一步，同样也是首要任务，就是要正确选择绿色原材料，避免使用会对环境产生不良影响的原材料。

绿色采购物流的第二步就是对供应商进行绿色性评价对比，从原材料特性出发，选出最佳供应商。评价分为组织过程的评价和产品的评价两方面，前者主要是进行管理系统、环境业绩还有环境审核的评价；后者则是对产品的生命周期、商标还有产品标准进行评价。

绿色采购物流的第三步就是绿色化采购活动。企业要抛弃只注重降低采购费用的观念，采购原材料的过程同样值得重视，在包装和运输原材料时，要采用绿色环保的包装及运输方式，如降低运输次数、使用可重复利用的包装、货物一贯式运输、集装箱运输、回程管理、降低公路运输的比例等。

很多成功的企业都十分重视对供应方的评估。曾经，美国通用电气公司前期忽视了生产环保性，只注重降低原材料的采购成本，导致产品中后期出现了问题，不仅增加了处理费用，也阻碍了公司的发展。不过近年来，该公司做出了一系列改变和调整，不仅开始注重原材料采购的绿色性，还提高了供应方的选择标准，将环境评估放在首要位置。这一措施大大减少了公司产生的环境污染问题，降低了公司中后期的处理成本。虽说前期投资较大，不过在中后期得到了补偿，提高了产成品的质量，进而增加了公司的经济效益。

### 2. 绿色生产物流

生产物流是生产的重要部分，如运输物料、存储装卸物料等。生产物流系统和生产制造之间的关系就像人身体的血液循环系统和内脏器官，生产物流系统不仅仅是生产制造流程之间的连接纽带，也是生产作业活动顺利进行的保证。生产物流系统具有环节多、生产线长、覆盖面广以及生产规模大的特性。由于生产物流活动效率较低，资源浪费较为严重，使物流成本几乎占生产成本的20%～30%。

如青特集团有限公司（以下简称"青特集团"），是一家综合性大型企业集团，集专用车生产、铸造、锻造、机械加工、房地产开发、工程施工、国际贸易等为一体。青特集团将进行机械加工作业产生的铁屑、边角料和其他废品进行回收利用，显著提高了资源利用率。可以再使用的下脚料、边角料尽量投入再制造环节，不能使用的废弃钢材被集中收集后，将其熔炼成铁水后再生产其他铸造件。对于报废的元器件，采用分解处理，以回收利用有效的零部件。例如，大量的旧铝线、铜线，这些材料若直接报废，将是很大的浪费。

### 3. 绿色销售物流

企业实现绿色原料采购与产品绿色化后，还要进行销售绿色化。要想实现销售绿色化，企业就要战胜销售过程的复杂性，制订高效的销售方案。第一，优化线路，合理规划分销网络，优先考虑绿色环保的运输方式；第二，对产品的物流包装确定规范标准，不仅要确保产品的安全性，还要使包装尽量简单化、标准化，最好可以实现再利用，减少浪费。特别要重视食品类销售，因为食品类销售要求较高，要最大程度确保食品的安全性和绿色性。

如中国绿色食品总公司生产的"天地生"品牌蔬菜，为了发挥专业化分工的优势，缩短流通渠道，保证绿色品质，该公司在北京设立了配送中心，配送中心负责流通加工、分级、包装、贴标签、储藏、保鲜、运输等，同时还进行形象建设，加大宣传力度，与零售商协调关系等，保证企业绿色战略的实施。

# 第四节　现代物流的发展方向

## 一、现代物流发展领域

### （一）绿色物流

绿色物流是指以减少对环境的污染、减少资源消耗为目标，利用先进物流技术规划和实施物资的运输、储存、包装、装卸、流通加工等的物流活动。它连接了绿色供给主体和绿色需求主体，是一种有效的、快速的商品和服务的绿色经济管理活动，也可称之为环保物流。为了可持续发展，我们在进行与物流相关的生产活动时，应该做到尽量不破坏生态环境，只有这样才能在促进经济增长的同时保障人类长远发展。目前，越来越多的国家认识到保护环境、发展绿色物流的重要性，在制定物流方面的法律法规时，都对环保运输、物资循环利用等进行了相关的规定，并对企业开展绿色物流提出了一定的要求。

## （二）低碳物流

随着二氧化碳排放日益增多，臭氧层被破坏，气候问题越来越严重，全球开始兴起"低碳革命"，人们逐渐进入低排放、低污染、低能耗的低碳生活方式。低碳物流成为物流发展的新浪潮。物流必须走低碳化道路，着眼于发展绿色物流服务、低碳物流和低碳智能信息化，只有这样才能促进物流行业向高端服务业发展。然而，如何让企业真正认识低碳物流的作用，了解低碳物流的发展前景，并根据企业实际情况制定合理的低碳物流行业标准，是决定低碳物流得到贯彻落实的重要因素。

## （三）电子商务物流

电子商务物流是随着 Web 3.0 的发展与信息技术的进步，由互联网平台带动发展起来的物流新商业模式，故又称网上物流。物流企业可以通过相关的物流平台公布自身信息与物流业务，使其能被全国甚至全球范围内的客户认识和了解。同样，有运输需求的货主可以通过互联网平台选择合适的物流公司。互联网平台致力于为有物流需求的货主与能够提供物流服务的物流公司提供一个可信赖的、方便的、快捷的、自由的线上沟通交易场所。目前，越来越多的物流企业通过网上交易平台找到了客户，扩充了业务，扩大了市场范围。互联网时代的到来给物流企业与货主带来了新的发展，提供了更多的机会。

## （四）物流金融

物流金融是物流在运营过程中，通过应用和开发各种金融产品，有效地组织和调剂物流领域中货币资金的运动。这些资金运动包括企业物流活动中的各种存款、贷款、投资、信托、租赁、抵押、贴现、保险、有价证券发行与交易以及金融机构所办理的各类涉及物流企业的中间业务等。

## （五）众包物流

众包物流是一种全新的、社会化的物流服务模式，指发包方利用网络平台将物品派送任务外包给不固定的、具有闲置时间和劳动能力的社会大众群体。它是共享经济环境下依托互联网出现的新兴物流模式，能够降低物流配送成本、提高物流配送效率。与传统物流模式相比，众包物流具有获取外部信息迅速、配送过程灵活的优势。我国已涌现出一批具有一定规模的众包物流服务公司。

## 二、物流运作系统化

现代企业呈现物流运作系统化的发展趋势，主要表现在以下几个方面：

①物流目标合理化。物流管理的具体原则很多，但最根本的指导原则是保证物流目标合理化的实现。企业从系统角度统筹规划各种物流活动，必须设立合理化的物流目标，理顺物流活动过程中各环节、各功能要素之间的关系，通过企业物流资源的有效配置，形成物流运作的高效体系，实现物流活动的整体优化。

②物流作业规范化。企业物流更加强调物流作业流程、作业方法、作业标准，使复杂的物流操作变成简单的、易于推广和考核的物流作业，不断提高物流作业的质量和效率。

③物流功能集成化。现代通信技术和信息技术的发展，为企业集成多种物流功能提供了技术支持。企业物流不仅提供单一的仓储、运输、包装功能等服务，还必须开展以供应链为基础的物流功能的集成和整合。它主要包括物流渠道的集成、物流功能的集成、物流环节的集成等。

④物流技术一体化。企业物流必须使用先进的物流技术、设备与管理为生产经营提供服务，并以现代信息技术为基础，融合各种先进物流技术，实现企业物流技术一体化。

## 三、物流合理化

### （一）什么是物流合理化

所谓物流合理化，就是对物流设备配置和物流活动进行调整和改进，从而实现物流系统整体优化的过程。它具体表现在兼顾成本与服务上。物流成本是物流系统为提高物流服务所投入的活劳动和物化劳动的货币表现，物流服务是物流系统投入后的产出。

合理化是指投入和产出比的合理化，即以尽可能低的物流成本，获得可以接受的物流服务，或以可以接受的物流成本达到尽可能高的服务水平。

### （二）物流合理化的基本思想

物流活动各种成本之间经常存在着此消彼长的关系，物流合理化的一个基本思想就是"均衡"，从物流总成本的角度权衡得失。例如，对物流费用的分析，均衡的观点是从总物流费用入手，即使某一物流环节要求高成本，如果其他环节能够降低成本或获得利益，就可以认为是均衡的，是合理、可取的。

在物流管理实践中，切记物流合理化的原则和均衡的思想，做到不仅要注意局部的合理化，更要注重整体的均衡。这样的物流管理对于企业最大经济效益的取得才是最有成效的。

## 四、物流服务网络化

物流服务网络化主要表现在以下几个方面。

### （一）增加便利的物流服务

一切能够简化手续、简化操作的物流服务都是增值性服务。在提供电子商务方面的物流服务时，提供完备的操作或作业提示、免费培训、免费维护、省力化设计或安装、代办业务、单一接触点、24小时营业、自动订货、物流全过程追踪等都是物流增值性服务。

为此，企业必须重新设计适合生产经营需要的物流渠道，优化物流服务网络系统，减少物流环节，简化物流流程，提高物流服务系统的快速反应能力。

### （二）降低成本的物流服务

企业需要能够不断降低成本的物流服务。企业必须考虑采用供应链管理办法，建立系统各方相互协作、相互联合的物流服务网络，采取物流共同化计划，通过采用先进的物流技术和设备，推行物流管理技术，提高物流的效率和效益，不断降低物流成本。

### （三）延伸功能的物流服务

企业物流强调对物流服务功能的恰当定位，使之完善化、网络化，除了一般的储存、运输包装、流通加工等服务外，还应在功能上扩展至市场调查与预测、采购及订单处理、物流管理咨询、物流方案的选择与规划、库存控制的策略与建议、货款回收与结算、教育与培训、物流系统设计与规划方案的制作等。

### （四）强化支持的物流服务

企业为了保证向生产经营活动提供快速的、全方位的物流支持，必须强化、完善和健全物流服务网络体系，实现物流服务网络的系统性和一致性，以保证整个物流网络得到优化。企业只有形成物流服务网络，才能满足现代生产经营的需要。

## 五、物流管理信息化

当代企业物流的发展呈现出物流管理信息化的趋势，主要表现在以下三个方面：

### （一）改造传统企业物流管理

物流管理是一门专业性非常强的技术，但从物流过程来说，80%的物流程序是相似的，可以通过技术手段设计物流专家管理系统，为传统企业改善物流管理提供指导。

在企业录入生产计划和销售计划后，物流专家管理系统可以为企业特别设定物流管理方案，供企业参考运行。除此之外，该系统还可以根据企业相关计划的调整，对此方案进行修正，从而实现物流管理信息化。

### （二）降低企业生产经营成本

随着电子商务的发展，出现了越来越多的B2B交易平台，为传统企业提供了丰富多样的贸易机会，大大降低了企业的采购和销售成本。任何有物流需求的企业都可通过平台进行低成本物流信息交换，通过平台进行全球低成本营销，拓展业务和市场，借助网络媒体的互动性，实现网上宣传和网上营销的一体化。

### （三）完善企业物流管理信息网络

通过有效的信息渠道，可以将物流过程中实物库存暂时用信息代替，形成信息虚拟库存，建立需求端数据自动收集系统，在供应链的不同环节采用EDI交换数据，建立基于Internet的数据实时更新和浏览查询、共用数据库、共享库存信息的物流管理信息系统。

企业应不断提高物流信息处理功能，将各个物流环节、各种物流作业的信息进行实时采集、分析、传递，并为管理提供各种作业明细信息及决策信息。

## 六、现代物流发展趋势

### （一）物流管理转变

物流管理由对货物的管理转变为对货物的价值方案进行设计和管理。现代物流可以为货主提供差异化、个性化、全球定制化的服务，客户关系管理变得越来越重要。

## （二）由对立转向联合

在传统的物流模式中，企业以自我为中心，片面地追求自身利益，容易造成不同企业相互对立的现象。然而在竞争压力驱使下，越来越多的企业开始进行商业流通机能整合，通过协调规划与共同作业形成高度联合的供应链联盟关系，使联盟内部所有企业的整体绩效和竞争优势得到提升。

## （三）由预测转向共享

在传统物流模式中，物流企业经常通过预测供应链下游企业的资源来制订各项物流作业活动计划，然而受不确定因素影响，预测不准确的风险较大，造成了许多资源浪费。在现代物流发展背景下，企业强调供应链成员的联合机制，各个供应链成员企业间共享企业信息，尤其是内部需求及生产资料，物流企业根据得到的具体信息与实际需求进行物流活动。

## （四）由绝对价值转向相对价值

传统成本评价只看一些绝对性的数值，新的价值评估方法关注相对价值的创造，即花更多的精力在客户产生的增值价值上。

## （五）由功能协调转向程序协调

在竞争日益激烈的市场环境中，企业必须加快响应上下游客户的需要，必须有效地整合各个运营部门，并以程序式的操作系统来运作。物流活动一般具有跨企业的特性，故程序式整合是物流管理的重点。

## （六）由纵向整合转向虚拟整合

在传统商业模式中，一些大企业将所有的运营活动都进行纵向整合，以获取更大的控制权，然而这样容易分散企业的资源，降低企业用于核心业务的能力。如今，企业逐渐更加专注于核心业务的发展，而将非核心的物流业务通过外包的形式委托给专业管理公司，形成虚拟企业整合形式，使企业有更多的资源为客户提供更加优质的服务。

## （七）由信息封锁转向信息分享

在供应链管理结构下，供应链内的企业必须将供应链整合所需的相关信息与其他企业共享，否则就无法形成有效的供应链体系。

## （八）由管理会计转向价值管理

未来许多企业将会使用更多的资源建立基本会计系统，着重提供企业增值创造与跨企业的管理信息，以期能确认可以创造价值的作业，而不仅仅关注收益及成本。

## 七、现代物流的未来是 AIR 模式

"物联网＋人工智能＋机器人"（AIR 模式）是物流发展的未来。现代物流业的快速发展高度依赖于信息技术的有力支撑。事实上，早在1995年，比尔·盖茨就在其著作《未来之路》中提出物联网的概念，只是当时受限于无线网络、硬件及传感设备的发展，并未引起重视。1998年，美国麻省理工学院创造性地提出产品电子代码（EPC）系统的"物联网"概念。2000年3月，在葡萄牙里斯本举行的欧洲特别首脑会议上，欧盟提出了一个未来十年的战略目标——使欧盟成为世界上最有竞争力、经济最活跃的知识经济体。实现这个目标需要一个全球性的战略。在这个过程中，欧盟具体实施了一个行动计划，旨在充分利用欧洲的整个电子潜力、依靠电子业务和互联网技术及其服务，使欧洲在核心技术领域（如移动通信方面）保持领头羊的地位。我们可以看到，无论美国还是欧洲都在大力发展物联网技术，并利用物联网技术带动经济发展。

推动物联网兴起的智能信息技术、通信技术、自动化技术和网络信息管理技术已经成为现代物流业发展的内生驱动力，直接影响了现代物流行业企业的生存与发展，并改变了这些企业从业人员的结构。信息技术特别是网络技术在物流服务和管理流程中的应用，使物流企业的信息化、网络化、智能化程度大幅提升。从物流业务系统、物流公共信息平台，到企业资源计划（ERP）系统、实时分账系统、数字版权保护系统，再到条码化、可视化、智能化、物联网、电子商务技术应用，物流业的信息化水平越来越高，物流业的整体效率也得到提升。

因此，物联网对于我国转变经济发展方式具有重大意义。第一，在短期经济刺激方面，要求政府投资于诸如智能铁路、智能高速公路、智能电网等基础设施，刺激短期经济增长，创造大量的就业岗位；第二，新一代的智能基础设施将为未来的科技创新开拓巨大的空间，有利于增强国家的长期竞争力；第三，能够提高对于有限的资源与环境的利用率，有助于资源和环境保护；第四，有利于升级和优化必要的信息基础设施。

业态多元化仍将持续。物流业的准入门槛较低，业态要素标准具备很大的弹性，对人力和物力要素兼容程度较好，就业容量大。从人力上看，接受过高等教育的人员和仅接受过义务教育的人员都可在物流业中找到适合自己的岗

位。从物力上看，飞机和电动自行车都能根据实际需要参与到物流业的流程之中。物流业人员流动性大的背后是劳动力资源的充分存在。此外，物流业的经营方式灵活，既可靠两条腿或两个轮子（自行车、摩托车、电动自行车），也可靠陆路、水路、航空实现联动式的大规模模块式集约化运营。对于低水平的物流企业而言，人力成本仍然是重要的企业成本指标，而对于高水平的物流企业或集团而言，机械装备与人员技能的匹配成为重要竞争指标。

随着物流业与国民经济各部门的关联度和融合水平的提升，物流企业的市场定位和盈利模式将在细分化、专业化的基础上进一步多元化，轻资产和重资产的物流企业都将大量并存，它们或是提供定制化服务，或是提供标准化服务，或是在专业化方面不断拓展，或是开展作业服务的规模化经营，或是提供标准化运作的通用型物流服务，或是专注于物流环节服务，或是横跨采购物流、生产物流、销售物流、回收物流，或是融合商流、物流、资金流、信息流的供应链服务提供商。既有专注于某个产业和领域的产业物流企业，也有服务于多个行业和领域的物流企业。

产业融合与升级加速进行。发达国家市场经济发展起步较早，物流业发展比较成熟，观念和实践经历了从"实体配送"到"物流"再到"供应链管理"的发展历程。如果把发达国家物流业发展历程划分为原始物流、专业物流、综合物流、现代物流四个阶段，现代物流已经代表了世界范围内物流业发展的主流方向，而我国物流业目前还在专业物流和综合物流之间徘徊，是否能在较短时间内实现现代物流的社会化、信息化、系统化、标准化，将从根本上决定我国物流业的发展质量和国际竞争水平。

从物流业的实践上看，传统的物流企业正向一体化、全程化服务过渡，物流行为向采购、贸易、金融物流延伸，流通企业（包括内贸和外贸企业）经营取向向集贸易、经销、采购、金融、物流服务为一体的供应链服务提供商发展，商贸流通业融合发展成为突出特征，销售和物流之间的产业界限趋于模糊。

物流市场专业化、细分化趋势明显。依托产业发展专业物流成为一种共识，脱胎于不同产业领域的物流企业正在快速增长。从企业物流分离出的物流企业，经过内部资源整合，兼并重组的步伐正在加快。一方面，物流服务外包，制造业与物流业联动发展；另一方面，制造、原材料、能源、矿产企业中的企业物流向独立的物流企业转型发展，在服务于本企业的同时也通过提供社会化物流服务盈利。同时，一系列新概念的出现为不同专业领域提供了发展与转化的空间，能源物流、冷链物流、医药物流、汽车物流、烟草物流、农业和农产品物流、危险品物流及特种产品物流都在快速发展。

物流功能整合化。虽然现代物流与传统物流的主要功能没有本质上的差别，即都承担着有形商品的时空移动与交付服务职能，但与传统物流相比，现代物流的物流行为与供应链的其他环节和功能能够进行充分匹配、组合和集成。例如，物流渠道与商流渠道的整合、物流渠道之间的整合、物流功能的整合、物流环节与制造环节的整合等。由此，物流服务对上游、下游的协同联动，对不同配送需求的响应速度越来越快，前置时间越来越短，配送间隔越来越短，配送速度越来越快，商品周转次数越来越多，服务的个性化、体贴化程度越来越高。

销售时点信息系统、电子数据交换（EDI）网络技术、射频标识技术（RF）等应用为电子商务的大规模发展提供了可能。传统交易方式由纸质合同到电子合同，再到远程实务对接的变革，促使业务流程进一步信息化、网络化。为满足客户对物流服务更多个性化、便捷化的需求，基于互联网和电子商务的电子物流正在兴起，更多掌握信息技术，熟悉电子商务和国际贸易规则的人员开始走向物流业，使物流管理真正朝智能化方向转变。

物流的金融化。在北京、上海、深圳等金融业发达的城市，金融物流在物流企业中被广泛应用，在做到风险可控的同时丰富了业态体系和盈利模式。定向采购、仓单质押、代收货款等增值服务业务占企业营业收入的比重在加大，物流企业不仅获得了增值服务收益，同时增强了对供应链的掌控能力。此外，物流企业借助资本市场发展壮大的意识越来越强，A级物流企业中有的已成功上市，有的已进入辅导期，有的正在积极准备上市。

随着我国物流市场的开放，境外资本也纷纷涌入我国物流市场，外商直接投资数量逐渐增加。一些世界著名的物流企业已进入我国市场，并建立了物流网络。外商对物流业的直接投资具有"鲶鱼效应"，既能使我国物流网络更为丰富完善，推动我国基础物流设施的改造，也有助于形成良好的投资环境，带动我国制造业的发展。另外，先进的技术以及成熟的管理流程有利于西方先进的管理理念和方法与我国物流业发展的现实环境相结合，为我国物流业发展带来更多的国际化机遇。

# 第五节　我国现代物流的发展状况

## 一、我国现代物流发展方向

### （一）需求扩张与结构调整

需求扩张不仅要抓住"量"这个点，更多的是体现在对"质"的追求上。经济发展方式需要尽快转变，由只依靠第一产业带动转变为第一、第二、第三产业协同发展。国际上由发达国家向发展中国家转移，国内由东部沿海向中西部转移，这些变化都会促进物流产业的结构调整。

### （二）企业物流社会化与专业化

由于物流需求与物流成本的增加，许多企业逐渐认识到物流的战略属性，选择将物流业务外包的企业开始不断向上游企业扩展。企业更加注重物流系统化运作，物流外包趋势不断加强。企业与相关物流企业的合作进一步深化，形成战略联盟，物流社会化趋势进一步加强。

物流专业化趋势日益显现，许多企业试图通过一系列努力来不断完善自身的供应链系统，力求打造一套具有快速反应能力、符合现代企业经营要求的专业化物流系统。一些大型企业在打造能够与其经营业务合理配套的物流系统时，会选择设立地区品牌连锁店，如格力、海尔等。目前，第三方物流依旧面临着许多挑战。对于不同企业的需求，第三方物流企业需要做出不同的回应，提供合适的解决方案。

### （三）物流企业细分化与个性化

满足企业的差异化需求需要不同的物流服务模式。根据服务模式对物流企业进行分类，可分为通用服务型、专业配套型与基础平台型三类。

物流企业通过改革重组，其服务明显得到集中。在大多数时候，基础物流服务的需求不多，但是随着物流企业之间的重组联合，物流系统化、一体化程度不断提高，越来越多的企业开始拥有个性化的物流需求。

随着服务的专业化整合与创新，物流企业的发展也越来越具有个性化特征。传统的低层次服务的获利空间不断被挤压，与此相对立的是，高端增值服务及针对客户的不同需求而提供的差别化服务会拥有更好的发展前景。许多企业开始追求供应链的专业化运作，以促进与上下游关联企业的协同发展。物流企业要树立良好的企业形象，转变经营方式，以满足客户需求为基本原则，有针对性地为客户提供高端增值服务。

### （四）物流市场竞争激烈，运营风险加大

我国物流需求方受"大而全""小而全"模式制约，大量自营物流难以社会化，同时物流供应方"散、小、差、弱"，物流市场被分割，市场上的不确定因素明显增加。因此，我国物流市场竞争越来越激烈，运营风险也越来越大。激烈的市场竞争突出表现在运输业与仓储业等传统型服务业中，企业间的竞争频繁，大量使用价格战。而且，企业面临各类困境，比如：基础消耗能源价格不断提高，经营成本持续上升；企业资金流转困难，缺乏所需的资本；员工频繁跳槽，人力成本日益增加，优秀的管理人才不足；土地成本较高，仓储服务能力不足，新服务设施建设困难。在这样的情况下，物流行业平均利润不断降低。由于经营服务成本不断增加，业务盈利能力难以提高，行业间、企业间的主体地位变动加快，企业的运营风险也随之增加。

### （五）区域物流集聚与扩散

#### 1. 区域物流的集聚

区域物流集聚体现在：①依靠港口形成的"物流区"，除广州、大连等地外，厦门港，连云港，北部湾地区的南宁、防城港等地都有新的发展；②依托城市群形成的"物流带"，如武汉"两型社会"（资源节约型社会、环境友好型社会）试点、湖南的长株潭（长沙、株洲、湘潭）一体化等；③基于产业链发展的"物流圈"，如青岛的家电物流圈、长春的汽车物流圈等。

#### 2. 区域物流的扩散

区域物流扩散集中体现在：①根据国家经济发展规划，在东部沿海城市正常发展的基础上，推动物流业向中西部地区扩散，推动中西部物流发展；②基于城市与农村之间的物资流动交换，物流开始由城市向乡村延伸；③内地资源消耗型企业为改变其产业结构，缩减物流费用，向沿海城市迁移；④区域间物流合作加强，如长三角、珠三角和海峡两岸等地合作，有力推动其物流发展。

### （六）物流基础设施的整合与建设

我国物流基础设施建设效果明显。基于大批新建基础设施，物流格局发生了显著变化。国家不断增加用于基础设施建设的资金额度，进一步加快了综合

运输体系的形成速度。客运专线的建成投用以及铁路运能的进一步释放，有利于实现客货分线。高速公路网陆续建成，公路运输格局发生了新的变化。公路使铁路和水运的"集疏运"功能进一步展现，多式联运、转运枢纽需要再次规划。

### （七）国际物流的双向发展

作为世界贸易大国，我国物流业的发展会对国际贸易及其供应链的发展有较大影响。许多跨国企业非常关注我国物流业的发展趋势，以便及时有效地调整在我国的投资。随着一些国内企业被外资并购，跨国企业在我国的物流网络得到进一步完善。与此同时，由于我国人力成本优势逐渐减弱及资源在全球的进一步流动，许多国外企业将投资重点转向其他更加有利可图的发展中国家。面对日益激烈的国际竞争，我国在大力实施"走出去"发展战略的基础上，不断深化国内物流企业的改革，推动企业间的战略重组，面向市场适时组建企业合作联盟，上述措施将会使我国物流服务的发展更加具有国际性。

### （八）物流信息集成化与移动化

公共信息平台日趋完善，主要体现在四个方面。①电子商务物流平台。目前，我国电子商务发展规模位居全球首位，交易额不断增加。②物流园区信息平台。③电子口岸平台。运用该平台可以为客户提供个性化、系统化、专业化的通关口岸服务。④政府监管物流平台。

### （九）物流发展的政策环境更加宽松

随着物流业的快速发展，物流开始深入人们生活的方方面面，推动着国民经济的发展。我国物流发展的政策环境得到进一步优化，也变得更加宽松。

2011年8月，在《邮政业发展"十二五"规划》《快递业务操作指导规范》相继出台后，物流业再次迎来了被誉为物流"国九条"的《关于促进物流业健康发展政策措施的意见》。

2016年，物流业发展相关规划陆续出台。7月，国家发改委决定推进"互联网+"行动，物流信息化进一步发展。11月，多部门共同制定《国内贸易流通"十三五"发展规划》，覆盖了物流业的方方面面，并基于该期间国内物流面临的风险与机会，对物流的发展前景进行了更深层次的预测。

2017年1月，交通运输部等十八个部门提出《关于进一步鼓励开展多式联运工作的通知》，以推动信息共享，加快装备技术进步，创新运输服务模式。8月，国务院办公厅提出《关于进一步推进物流降本增效促进实体经济发展的意见》，从物流的各个环节入手，减少成本，提高效率。11月，国家邮政局等十部门制定《关于协同推进快递业绿色包装工作的指导意见》，在产品过度包装导致严重资源浪费的现实情况下，政府鼓励快递包装的"增绿"和"减污"。

## 二、我国物流业发展的现状

随着社会主义市场经济的逐步深化和商品经济的繁荣发展，我国物流业已经进入改革开放以来最好的时期。"十一五"规划中将发展现代物流业作为一项重要内容，物流业作为独立的产业部门在国民经济中逐渐得以凸显。根据党的十七大和十七届二中全会部署，国务院机构改革从促进经济社会又好又快发展出发，统筹兼顾，在一些关键领域迈出重要一步。机构改革着力推进发展现代交通运输业，强调加快建设便捷、通畅、高效、安全的综合运输体系，走资源节约型、环境友好型的交通运输发展道路，这为物流业的繁荣奠定了坚实的基础。2009年，国务院出台了《物流业调整和振兴规划》，之后一系列鼓励支持物流业发展的专项政策陆续出台，将我国物流业带入一个繁荣发展的关键阶段。

当前，我国正处在加快转变经济发展方式的关键时期，须构建经济转型发展的动力机制，而物流业作为国民经济和社会发展的一项基础性支撑，对于继续保持我国经济的较快发展具有重大意义。事实证明，在一些地方，围绕物流业发展，在城市规划布局中进行专项支持，加快发展现代物流业作为结构调整的关键环节及扩大内需的重点任务，能够在经济社会发展方面获得长足的收益。而在另一些地方，由于不重视物流行业的公益性和基础性，未落实国家有关的物流政策，使物流行业的发展未在市场和社会上获得稳固支撑，结果在一定程度上禁锢了产业发展，丢失了市场，实际上是丢失了宝贵的发展机遇。

相比较而言，物流行业属于门槛不高、投资回报较快、规模可控、现金流较好的领域。物流业对市场的反应极为敏感，每一次商品旺季的到来，都容易催生中小型物流企业涌现的高潮。众多企业一拥而上意图分一杯羹，其中有的企业更多地把物流看作一种配套行为，也有的企业急于从物流投资中赚取短期回报。而外资企业基于成熟的市场经验，往往以较为专业的产业化眼光和理想化预期选择物流，但是对于中国独特的市场环境并不适应，以至于短期发展后就停滞不前。还有的企业实质上只是配合投资人的区域短期投资，以至于快递业一时之间成为融资的热门题材快速成长。

在复杂的国际和国内经济环境的挑战和考验下，物流业实现平稳适度增长，并呈现出具有中国特色的新变化与新特点。随着物流行业步入增速趋缓的阶段，其被高增长掩盖的一些问题开始暴露。关注物流业发展的新变化，着力降低全社会物流总成本，提高物流运行效率，倡导物流业转型发展和整合管理是重中之重。

第一，区域物流与国际物流整合开拓。伴随着国家各项行业政策的出台，我国区域物流一体化持续推进，长江三角洲、环渤海、珠江三角洲及中部地区对区域物流一体化的推进工作初见成效，包括区域通关、交通管理、公路执法等物流发展的合作机制陆续在建立。从地区发展情况看，东部地区的发展已具有一定规模，而中西部则在产业转移驱动下，物流需求急剧扩张，促进了物流基础设施建设的快速发展。北京、上海、广州等地建成的国家级物流节点对于城市的辐射作用和集聚效应显著，郑州、武汉、西安等中西部物流中心则发展势头良好。随着经济全球化的发展，走出国门，进入国际物流体系，对于物流业而言蕴含着大量机会。中国远洋运输（集团）总公司、中国对外贸易运输（集团）总公司及顺丰速运等企业跟随国内走出去的制造业和建筑业企业进入国际市场，不断在工程物流、快递物流领域取得新进展。同时，航空运输业企业则努力拓展国际航线，加入国际联盟。一些大型的物流企业通过兼并、收购等运作方式，加大战略性投资和海外扩张力度。

第二，物流发展不平衡性明显。受制于经济、基础设施、市场化水平及信息化程度等因素限制，中国的物流业发展整体呈现东部发展快、中西部发展慢，城市物流相对发达、农村物流明显滞后的格局。以2012年的数据为例，东、中、西部快递业务收入占比分别为82.3%、9.3%、8.4%。同时，物流企业、物流设施及相应的物流活动通常会高度集中于交通和信息都更为发达的大中型城市。而区域间的物流系统网络尚未建立，网络化和电子化的程度较低，以分散、独自发展为主，相应配套的综合交通运输体系未完全形成，不同运输方式难以进行合理分工和有效衔接，沿海与内陆体系不配套，各种运输方式之间信息不能共享，交通运输资源综合利用率不高。例如，我国的海铁联运比不及2%，远低于发达国家的20%，同时部分地方盲目兴建物流园区、物流中心，闲置现象严重。

第三，物流企业经营模式有待完善。我国物流行业主要呈现三种经营模式，即自营物流、物流外包和协作物流。在"大而全、小而全"的思想影响下，大部分物流企业是自营物流模式，表现为自产、自销等，因此出现生产和零售企业都在建库、买车和修路的现象。相对而言，协作物流及物流外包较少，自营物流弊端显著。企业难以集中资源攻破核心业务，实现对资源的优化配置；物流企业采购设备成本高，利用率低；采取自营物流经营模式的企业，通常缺乏与其他企业的交流，不利于企业对外界变化做出及时反应。

## 三、我国物流业发展的良好环境

第一，政策周期和发展机遇。我国正处于新型工业化、信息化、城镇化、农业现代化的"新四化"协调推进的关键时期，工业的转型升级、人口的加速流动、信息的快速集聚、城市布局的优化发展，将为物流业发展提供一个较长的积聚优势的窗口期。从工业化进程来看，我国工业化发展仍然呈现不平衡态势，广大中西部地区仍处于快速工业化时期，第二产业的规模和比重仍将呈现上升态势，对大宗货物运输的需求仍然保持在高位。从信息化进程看，新型信息技术和业态在我国仍属新鲜事物，三网融合甚至还没有开始启动，新兴产业的发展进程仍然为物流业预留着较大的发展空间。从城市化进程看，随着我国城市化进程的加快推进，在城市功能布局、旧城区扩建改造、城市基础设施及其他配套建设等方面存在大量需求，居民对住房、汽车等耐用消费品的需求仍在快速增长，水泥、钢铁、化工、冶金等建材行业和重化工业保持旺盛需求，带动相关原材料和产品的物流规模增长。

第二，城乡消费结构升级。我国正在迈入消费型社会，大量中低收入群体在流动、迁移中产生消费，收入较高的地区和群体已开始进入"大额消费阶段"，消费取向开始从生存型、温饱型向发展型、享受型升级，对万元级和十万元级的耐用消费品，如汽车、住房等，强势消费群体开始增长，重工业产品需求仍然呈刚性态势，由此带动相关产业的发展和货运需求的增长。同时，随着信息技术的飞速发展和广泛应用，人们对信息的消费需求日益增加，信息消费将成为未来最具活力的消费热点，也是未来一个时期内最具发展潜力的消费领域，信息消费潜力巨大。基于物联网的现代物流业是传统物流业与现代信息技术有机融合的新兴绿色产业，其全产业链都与信息的收集、传递、处理密切相关，现代物流业的快速发展特别是其与互联网、营销网、电子支付的有机结合，在提高物流效率的同时，也将带来庞大的信息消费，促使我国城乡消费结构更加合理。

第三，扩大内需的政策效应将逐步显现。面对复杂的国际和国内形势，中央和地方政府新出台了一系列扩大内需的政策，将陆续发挥其对经济增长的刺激作用。从投资方面看，国家发改委、交通运输部等部门批复了全国多个城市的轨道交通建设规划。同时，地方支持城市建设、农村发展和产业发展的重点项目储备非常充足，有关各方投资意愿也较大，投资增长的后劲充足。从消费方面看，节能汽车、家电补贴等节能惠民政策仍然保持密集推出的态势，补贴范围和力度有望超出以往，从而带动家电、汽车等商品消费的平稳较快增长。同时，收入分配改革的深入推进将使相当一部分群体实现收入增长，多个省份上调最低工资标准，一些地方的事业单位工资改革也在积极推进。这些措施将进一步增加居民收入，带动消费回升，为物流业的发展注入动力。

# 第三章　现代物流发展与国际贸易的关系

本章的主要内容为现代物流发展与国际贸易的关系，介绍了四个方面的内容，分别是现代物流与国际贸易的关系、我国现代物流对国际贸易发展的影响、合理处理现代物流与国际贸易关系的方法以及在国际贸易中发展现代物流的路径。

## 第一节　现代物流与国际贸易的关系

现代物流是随着国际贸易的发展而产生和发展起来的，在当前已成为影响和制约国际贸易进一步发展的重要因素。国际贸易与现代物流之间存在着非常紧密的关系。

### 一、物流是国际贸易的必要条件

世界范围内的社会化大生产会产生不同的国际分工，任何国家都不能够包揽一切，因而需要国际合作。国际商品和劳务流动是由商流和物流组成的，前者由国际交易机构按照国际惯例进行，后者由物流企业按各个国家的生产和市场结构完成。为了避免它们之间发生矛盾，就要求开展与国际贸易相适应的国际物流。对于出口国企业来说，只有物流工作做好了，才能将国外客户需要的商品适时、适地、按质、按量、低成本地送到，从而提高本国商品在国际市场上的竞争力，扩大国际贸易范围。

### 二、国际贸易促进物流国际化

第二次世界大战以后，出于恢复和重建工作的需要，各国积极研究和应用新技术、新方法，从而促进生产力迅速发展，世界经济呈现繁荣兴旺的景象。

国际贸易也因此发展得极为迅速。同时，由于一些国家和地区资本积累达到了一定程度，本国或本地区的市场已不能满足进一步发展的需要，加之交通运输、信息处理及经营管理水平提高，出现了为数众多的跨国公司。跨国经营与国际贸易的发展促进了货物和信息在世界范围内的大量流动和广泛交换。

## 三、国际贸易对国际物流提出的新要求

随着世界经济的发展和政治格局的风云变幻，国际贸易表现出一些新的趋势和特点，从而对国际物流提出了更新、更高的要求。

### （一）质量要求

国际贸易的结构正在发生着巨大变化，传统的初级产品、原料等贸易品种逐步让位于高附加值、高精密度的制成品。由于高附加值、高精密度的商品流量的增加，对物流工作质量提出了更高的要求。同时，由于国际贸易需求的多样化，形成物流多品种、小批量化的局面，要求国际物流向优质服务方向发展。

### （二）效率要求

国际贸易活动的集中表现就是合约的订立和履行，而国际贸易合约的履行很大一部分涉及国际物流活动，因而要求物流有很高的效率。从输入方看，提高物流效率最重要的是如何高效率地组织所需商品的进口、储备和供应。也就是说，从订货、交货，直至运入国内保管、组织供应的整个过程，都应加强物流管理。

### （三）安全要求

由于社会分工和社会生产专业化的发展，大多数商品在世界范围内进行分配和生产。国际物流所涉及的国家多，地域辽阔，在途时间长，受气候、地理等自然条件和政治局势等社会政治经济因素的影响。因此，在组织国际物流的过程中，在选择运输方式和路线时，要密切注意所经地域的气候条件、地理条件，还应注意沿途所经国家和地区的政治局势、经济状况等，以防这些人为因素和不可抗拒的自然力造成货物损失。

### （四）经济要求

国际贸易的特点决定了国际物流的环节多、储运期长。随着国际市场竞争的加剧，降低物流成本以获得价格优势是大势所趋。从可能性上看，控制物流费用、降低物流成本具有很大潜力。对于国际物流企业来说，选择最佳物流方

案，提高物流经济性，降低物流成本，保证服务水平，是提高企业竞争力的有效途径。

总之，国际物流必须适应国际贸易结构和商品流通形式的变革，向合理化方向发展。国际贸易结构、市场结构的巨大变化，需要专业化、国际化的物流运作。如果国际物流无法在低成本或不增加客户费用的条件下，实现跨国货物交付的准确、准时、无差错或少差错以及安全，国际贸易合同的履约率就会受到限制，就会影响到国际贸易企业的生存和发展。

下面以索尼集团公司的物流和贸易情况为例进行案例分析。

1946 年，索尼集团公司的创始人井深大和盛田昭夫共同创建了东京通信工业株式会社，后于 1958 年更名为索尼株式会社，总部设在日本东京。

自创建以来，索尼集团公司在世界上率先开发了众多新式的电子产品，为人们提供了丰富多彩的视听享受，积极地为改变人们的生活和娱乐方式而努力。索尼集团公司是世界上民用和专业视听产品生产、通信产品生产和信息技术等领域的先导之一，它在音乐、影视和计算机娱乐运营业务方面的成就也使其成为全球最大的综合娱乐公司之一。

索尼集团公司之所以能在国际市场上长久立于不败之地，其奥秘是竭尽全力接近客户，"想客户之所想，急客户之所急"。凡是客户想到的，索尼争取先想到；凡是客户还没有来得及想到的，索尼必须也想到。索尼公司的物流理念是，必须从战略高度去审视和经营物流，每时每刻都不能忽视物流。满足消费者或客户的需要、满足市场的需要是物流的灵魂，索尼集团公司旗下的各家公司必须紧紧跟随市场的潮流。索尼集团公司在物流方面有以下特点：

1. 充分发挥全球物流供应链作用

索尼集团公司所需要的物流，涉及采购、生产和销售几个项目，但往往是在不同地区和不同供货商、不同的承运人商谈不同的物流项目，如索尼集团公司在北美和亚洲的物流谈判就不包括采购项目，在欧洲的物流谈判就包括采购项目。这是因为索尼集团公司是跨国经营的集团，需要的是全球性的物流以及全球性物流供应链管理。随着市场经济的快速发展，索尼集团公司不可能把某一个特定消费市场的所有产品全部生产出来，分布在世界各地的索尼集团公司的子公司能够把工厂所在地附近市场所需要的产品全部生产出来，把本地的这些市场全部包揽下来，那是最理想不过的。但是在实际操作上，这是不可能的，因为这里有一个产品成本问题。为了既要把市场包揽下来，同时又要保证产品成本不会增加，索尼集团公司鼓励各地区索尼集团公司的子公司互相协作，尽量从别的地区寻找本地区缺乏而又必需的零部件产品。索尼集团公司每年在物流上的花费，包括零部件和制成品的物流费用，大约占其全球经营总收入的 7%，而零部件的物流费用又占生产总成本的 6%。由于生产总成本占索尼集团公司全年总收益的 80%，所以，其零部件的物流成本部分占索尼集团公司年总收益的 4.8%。此外，根据该公司的统计，索尼集团公司的成品物流费用占销售、综合和行政管理成本费用总额的 10%，而销售、综合和行政管理成本费用总额又占总收入的 20%。分布在世界各地特别是一些主要国家的物流分支机构，已经成为索尼集团公司物流管理网络中的重要环节。以前，这些物流分支机构的主要功能是为在同一个国家的索尼集团公司提供服务，现在，索尼集团公司把这些物流分支机构的服务联合起来，发挥全球性索尼集团公司物流网络功能。机构没有变化，但是功能更强大了，服务范围更广泛了，进一步降低了索尼集团公司的物流成本，极大地提高了其经济效益。比如，新加坡或者马来西亚的一家索尼物流分支公司把来自当地的零部件集装箱运到位于日本的另一家索尼物流分支公司，后者在收到集装箱后，立即拆箱，把货物分别迅速送到日本各地的索尼集团公司工厂车间。索尼物流分支公司这种经营功能的实现最早始于亚洲，当时只不过是把位于新加坡、马来西亚、中国和日本的索尼集团公司的生产经营服务紧密联系起来。在取得成功后，索尼集团公司立即总结经验，迅速向美国和欧洲地区推广。目前索尼物流分支公司经营全球业务最大的是索尼新加坡物流公司，该公司主要经营东南亚各国到越南和中国的物流服务。

2. 索尼集团公司的"牛奶传送式"服务

目前，索尼集团公司又在世界各地组织"牛奶传送式"服务，进一步提升索尼集团公司在全球，特别是在亚洲地区索尼产品的运输质量。索尼物流分支公司围着供应方转，代表零部件供应商随时可提取索尼集团公司工厂所需要的备件订单。而在以前，零部件供应商要自己到索尼集团公司工厂要货。"牛奶传送式"服务是一种日本特有的快递服务，高效、快捷、库存量合理，又深得人心，特别受到要求数量不多、产品规格特别的客户的欢迎。这种服务非常灵活，客户可以通过电话、传真和电子邮件申请服务。在新加坡，索尼新加坡物流公司正在进一步缩短海运和空运物流的时间。以前，索尼新加坡物流公司在船舶或者航空货机开航前 7 天准备货物托运手续，由于采用若干出口优先规划，目前海运已经缩短到 4 天，空运缩短到 1 天。

# 第二节　我国现代物流对国际贸易发展的影响

我国物流的发展除了能对国际贸易发展水平、经济结构、技术发展状况产生影响之外，还和我国的经济体制变革有直接关系。按照我国的经济发展历程，新中国成立以来我国物流推动国际贸易的发展大致可以分为三个阶段。

## 一、计划经济体制下的物流

这一阶段是我国实行计划经济体制的时期，即从新中国成立初期到 20 世纪 80 年代初改革开放前期，国家的整个经济运行处于计划管理之下。国家对国际贸易特别是生产资料和主要消费品实行指令性计划生产、分配和供应，商品流通企业的主要职责是保证指令性分配计划的实现。

在这一阶段，资源分配和组织供应是按行政区域进行的，物流活动的主要目标是保证国家指令性国际贸易计划分配指标的落实，物流的经济效益目标被放到了次要位置。物流活动仅限于对商品的储存和运输。物流环节相互割裂，系统性较差，整体效益较低。

## 二、有计划的商品经济体制下的物流

十一届三中全会以来，随着改革开放的步伐加快，我国开始从计划经济体制向社会主义市场经济体制过渡，国际贸易市场在经济运行中的作用逐步增强。

由于国际贸易经济活动已向商品导向转变，物流业开始注重经济效益。物流活动已不仅仅局限于被动的仓储和运输，而开始注重系统运作，即考虑包括包装、装卸、流通加工、运输在内的物流系统的整体效益。按系统化思想，推出了仓库一次性作业、集装单元化技术、自动化立体仓库、各种运输方式综合利用和联合运输等系统应用形式，用系统思想对物流全过程进行优化，使物流总费用最低。在这一阶段，从改革开放到 20 世纪 90 年代中期，物流的经济效益和社会效益都有所提高。

## 三、现代物流

1993 年之后，我国加快了经济体制改革的步伐，经济建设开始进入了一个新的历史发展阶段。科学技术的迅速发展和信息技术的普及应用、消费需求个性化趋势的加强、竞争机制的建立，使我国的国际贸易企业，特别是中外合资企业，为了提高竞争力，不断提出新的物流需求，我国国际贸易界开始把物流发展提到了重要议事日程。此时国家逐渐加大力度对一些老的仓储、运输企业进行改革、改造和重组，使它们不断提供新的物流服务，与此同时，还出现了一批适应市场经济发展需要的现代物流企业。在这一阶段，除公有制的物流企业外，非公有制的物流企业迅速增加，从而使外商独资和中外合资的国际贸易企业也有了发展。

随着我国经济向社会主义市场经济体制过渡，物流活动逐渐摆脱了部门附属的地位，开始按照国际贸易市场规律的要求开展。物流活动开始体现出物流的真正本质内容。物流更多地和信息技术相结合，物流的范围和领域也不断扩大，实时推动着我国国际贸易的发展。

我国的国际贸易虽然有了一定的发展，但是，由于我国物流目前还没有形成一个比较完整的体系，从总体上来说，我国物流有待深入发展，主要表现在以下方面。

### （一）国际贸易的发展开始受到重视

近些年来，我国部分省（市）政府开始认识到发展国际贸易、改善投资环境和提高地区工商企业在国内外市场竞争力的重要性，把发展现代物流作为一项涉及经济全局的战略性问题来抓。以天津市、上海市、深圳市、山东省为例，为了使地区经济持续高速发展，"三市一省"都从战略高度出发，把发展现代物流作为国际贸易腾飞的重要措施和支撑点之一。

许多省（市）对发展现代物流高度重视，提出了加快现代物流业发展的对策建议。建议指出：现代物流业发展水平正成为衡量地区综合竞争力的重要标志，发展现代物流是再创本地区发展新优势的重要举措，发展现代物流是本地区信息化、工业化、城市化、市场化的加速器。

### （二）一些工商企业开始重视物流管理

我国一些工商企业已开始认识到物流是企业除降低物资消耗、提高劳动生产率之外，能够使其增加效益和增强竞争力的"第三利润源泉"。强化企业的物流管理，可取得明显的效果。

例如，海尔集团是我国著名的国际贸易企业，该集团把物流能力摆在企业核心竞争力的位置。实施企业流程管理再造工程，将集团的采购、仓储、配送和运输等物流活动统一集中管理，成立了物流推进本部，下设采购事业部、配送事业部和储运事业部，对国际贸易业务和物流资源优化重组，从而获得了巨大的经济效益。

工商企业为集中精力进行销售，扩大市场占有率，将产品的进货、储存和配送统一由自己的物流系统完成。例如，以 111 亿元的销售额列于"中国连锁业百强"之首的上海联华超市，其智能型配送中心的仓储面积达 3.55 万平方米，停车场地达 13 万平方米，前后两个装卸区可供 25 辆大型车辆同时进出配送货物。该中心采用了计算机管理和机械化操作，配送中心根据各超市网上传递的要货单，经计算机处理后，向各楼层发出指令，各楼层按指令配货到集散地装车。该中心实施 24 小时服务，同时为 30 家超市配送，做到 40 分钟送到门市部，实现了快速、高效的配送服务，日吞吐商品量达到 7.8 万箱，配送效率达到了国际先进水平。

### （三）运输、仓储及货代企业向物流企业发展

随着我国社会物流需求的增加以及人们对物流认识的深化，我国在计划经济体制下形成的一大批运输、仓储及货代企业，为适应新形势下竞争的需要，正努力改变原有单一的仓储或运输服务方向，积极扩展经营范围，延伸物流服务项目，逐渐向多功能的现代物流方向发展。

### （四）国外物流企业开始进入我国

由于我国国际贸易发展阶段需要现代物流的引进，但是我国物流企业的经营规模、管理技术和管理水平相对落后，服务质量还很难满足一些企业，特别是跨国公司对高质量物流服务的需求，因此，近几年来，国际上一些著名物流企业普遍看好我国的物流市场，陆续进入我国，在我国许多地方建立物流网络及物流联盟。这些国外物流企业运用国际成功的物流服务经验，为国际贸易企业提供完整的综合物流服务。

另外，这些物流企业的服务对象大都是在我国境内的中外合资或外商独资企业。这种结合方式在我国境内形成了两种类型外国企业之间的"强强联合"。

### （五）推动物流企业重视物流服务

国际贸易的发展，会带动物流企业走向成熟，二者相互促进。物流的本质是服务，物流服务质量是物流企业生存的保证，直接关系到物流企业在激烈竞争中的成败。我国的一些物流企业开始把提高服务质量作为与国际接轨、进入国际物流领域的敲门砖。这些企业把质量保证思想运用到物流运作中，确立物流质量管理的关键要素，将每项要素的具体标准及要求汇编成《质量管理手册》。企业总部还专门设立了质量管理部，具体贯彻落实《质量管理手册》的相关规

定，使每一项业务运作从作业开始就实施质量控制和跟踪，保证业务运作质量稳定可靠。

## （六）信息技术和通信技术已逐步运用

20世纪90年代初期，我国在物流活动中开始应用计算机网络技术。1995年，国际互联网在国际贸易领域开始应用，这使信息技术在物流领域有了突破性进展，促进了我国以网络物流为基础的物流业的迅速发展。互联网和电子数据交换系统（EDI）的发展，使工厂及供应商可随时查看最新交易状况以及库存结构和数量，使物流总体效益逐步趋向最优化。

## （七）为电子商务服务的物流企业得到发展

电子商务是指通过计算机和计算机网络来完成商品交易等一系列商业活动的一种商品流通方式。目前，我国已出现了为电子商务服务的以高科技信息技术为基础的第三方物流企业。它们充分利用互联网、无线通信和条形码等现代信息技术，以代理的形式对物流实行统一管理，建立了全国性的、快速的、以信息技术为基础的、专门服务于电子商务的物流服务系统，为国际贸易企业提供便捷的网上物流交易商务平台。

## （八）物流技术研发工作取得了一定进展

随着我国物流业的发展，从20世纪90年代以来，我国国际贸易发展取得了空前的成就，物流理论界不仅将国外先进的物流理论和经验向我国做了大量介绍，同时还借鉴国外物流理论研究成果并结合我国的实际，在物流系统建设、物流规划方法、物流企业的发展战略方面都取得了丰硕的成果，对我国物流也发展起到了有益的作用。

我国物流技术研发工作也取得了长足进步。例如，研发出了激光导引无人运输车系统、巷道堆垛机、机器人、穿梭车等技术，物流信息技术和物流管理技术，网上仓库管理信息系统和汽车调度信息系统，卫星定位系统，配送物流系统等。

## （九）建立国际物流基地，推动国际贸易发展

天津港在建港之初就确定了建立自由港区的发展方向，建立了保税区海关，使区域关具备了口岸关的功能，率先开展了国际商品展览，开拓了国际贸易服务功能，提出港区一体化物流运作模式，建立了国际货物分拨中心，实现了国际货物的直提直放，开通区内铁路，建成国际集装箱多式联运中心，开展了自由贸易区国际转口和过境贸易，争取实现地方人大立法，建立了良好的法制环

境，建立空港国际物流区，实现从海港物流向空港物流的拓展，解决了外汇、进出口等一系列政策"瓶颈"问题。这一切都为天津港保税区的迅猛发展提供了充分的条件和良好的环境。

截至 2005 年底，天津港保税区良好的环境吸引了 5 700 余家企业来这里投资，累计吸引合同投资总额中协议外资额 105 亿美元，到位外资额 50 亿美元。世界 500 强企业中就有 57 家落户区内。与此同时，保税区物流运作的优势开始显现，进出区货物总值达到了 764 亿美元，天津港保税区所产生的辐射力已远及中西部地区以及蒙古和中亚诸国。

天津港保税区目前已经形成集进出口货物仓储、分拨、配送为一体，海陆空铁路运输为一身，并与信息网络有机结合的现代国际物流运作体系。天津港保税区已兴建了 10 万平方米全息化管理的现代国际物流配送仓库，形成区内国际货物分拨配送体系，已建成全国最大的进口汽车集散分拨中心，年分拨量近 2 万辆。天津港保税区还积极引进著名跨国公司的总代理、总经销企业，在保税区建立区域配送分拨体系，推进信息技术产品、汽车、农产品等商品的市场建设，区内已建成多家专业性和综合性进口商品市场。此外，天津港保税区利用依托海港的区位优势，在区内设立了保税工业园、保税科技产业发展中心、生物工程产业园等科研、加工基地，使区内加工产业形成一定规模。

## （十）"蓄水池"物流业推动国际贸易发展

天津港保税区、上海外高桥保税区和深圳福田保税区现已经发展成为区域性的物流中心。天津港保税区辐射华北和西北，上海外高桥保税区辐射长江三角洲，深圳福田保税区辐射珠江三角洲。作为全国保税区起步较晚的珠海保税区，其给自己的定位是辐射珠江口西岸和珠江中上游地区，发展成为区域性的物流基地，利用保税区的特殊条件及货物运作体制，使保税区兼具货物存储、展示、分拨的功能，让保税区成为一个货物集散中心，通过发挥保税区的保税仓储、物流分拨的功能，带动区域可进外资及技术的发展，由此对经济特区、各经济功能区的发展起到强大的辐射作用，产生洼地效应。

珠海保税区不断完善其硬件建设，将距离保税区 2.5 公里的洪湾码头改造为保税区的专用码头，以保证区内物流快速畅通，降低成本。有关专家认为，大力发展保税区的保税仓储物流产业，不仅可以使区内加工企业实现"零库存"，而且可以实现"48 小时交货制"，提高企业的国际竞争力。随着大批仓储物流企业在珠海保税区落户，仓储物流业作为该区特色产业已初具规模。可以预见，珠海保税区仓储物流业将具有非常美好的发展前景。

# 第三节　合理处理现代物流与国际贸易关系的方法

## 一、国家视角的国际物流战略

国际贸易在国家的经济发展中占有非常重要的地位。国际贸易政策是一国经济政策的重要组成部分，也是一国对外政策的重要内容。各国在通过国际贸易促进本国经济发展的同时，也能通过相应的国际贸易政策来影响本国在国际经济、政治社会中的地位。

国际贸易与国际物流的关系是相互促进、相互制约的。国际贸易是国际物流产生和发展的基础和条件。国际物流是在国际贸易产生和发展的基础上发展起来的。以前，国际物流只是国际贸易的一部分，随着经济全球化发展的不断深入，国际化分工不断深化，国际化企业的国际化经营范围从单一的国际化销售向国际化生产和国际化采购等更广泛的领域扩展，进而也加速了国与国之间、地区与地区之间的国际贸易的快速发展，使国际物流逐渐从国际贸易中剥离出来。随着国际贸易的商品品种、数额的日益增加以及国际化竞争的日趋激烈，那些参与国际贸易的贸易企业、加工制造企业对国际物流服务的需求也日趋增大。国际物流的发展已经成为国际贸易得以快速发展的重要保障。

由于国际贸易必须是通过国际物流来实现的，所以国家在制定国际贸易发展战略的同时，必须制定相应的国际物流战略来保障国际贸易得以顺利进行。根据国际贸易的发展目标和达到目标的途径与手段，来制定长远的、具有全局性意义的国际物流战略。

随着世界经济格局的变化，国家的经济发展对国际贸易的依存度越来越高，国家作为一个大的经济实体，与其他国家在经济上有着相互依靠和相互影响的关系。这种关系的维系和发展，除了受政治因素影响之外，构筑一个国际物流环境也是至关重要的。另外，企业参与国际化竞争也需要国家制定出相应的国际物流战略。构成国家经济要素的实体——企业的竞争环境发生了巨大的变化，竞争的领域在逐步扩大，企业的竞争已经不仅仅局限于国内。经济的全球化，特别是WTO所倡导的贸易自由化，使企业的竞争更具有国际化的色彩。所以，为企业提供一个通向国际市场的通道是国家制定国际物流战略的基本目的。

## 二、区域视角的国际物流战略

区域作为整体的一部分，既可以是一个国家，也可以是一个国家的一个行政区域或一定的地域范围。当商品和生产要素在不同的区域之间存在禀赋差异，而且由这种禀赋差异引起生产要素的价格存在差异时，就有可能出现地区之间的贸易往来。由于区域之间存在贸易往来，就有了区域物流这种形式。由于各个国家的贸易制度不尽相同，为了使不同的国家或地区的商品实现无障碍流动，在国际物流的发展战略中，通常的做法是实行经济特区政策。在经济特区内通过建设码头、仓库、厂房等基础设施和实行免除关税等政策，为商品的流通提供顺畅的物流条件。常见的经济特区主要有以下几种。

### （一）自由贸易港或自由贸易区

在自由贸易港或自由贸易区内，对进出口商品全部或者大部分免征关税，并且准许在港内或区内进行商品的自由储存、整理、加工和制造等业务，以便促进本地区的经济和国际贸易的发展。

### （二）保税区

保税区又称保税仓库区，是海关设置的或经海关批准注册的、受海关监管的特定区域或仓库。进口的商品存入保税区内时可以暂时不用缴纳进口关税，如果再出口，也无须缴纳出口关税。如果进入所在国的国内市场，则需要办理海关进口手续，并且缴纳相应的进口关税。

### （三）出口加工区

出口加工区是一个国家或地区在其港口或机场附近，划出一定的区域范围，建造码头、车站、道路、厂房、仓库等基础设施，并提供免税等一系列优惠政策，吸引外国企业在区内投资生产以出口为主的工业品的加工区域。

各个国家对经济特区的关税以及业务活动范围都有相应的规定。比如，在报关手续、关税减免、退税、允许的业务活动范围等方面，还有禁止经营的商品种类和一些特殊规定等。

## 三、企业视角的国际物流战略

从企业的角度来讲，现代物流是指对从原材料的采购、生产一直到产品销售整个过程中的物品的流动进行系统化的管理。现代物流概念起源于军用物资的供给，这种思想最初在生产企业得以应用和推广，近年来，物流企业也开始取其广义的内涵，广泛使用现代物流的概念。

在一些发达国家和地区，物流早已成为企业的战略内容之一，为大多数企业所重视。随着经济全球化进程的不断深入，发达国家纷纷将生产加工基地向发展中国家转移，中国目前已经成了名副其实的世界工厂。同时，国内一些有实力的企业也加快了国际化的进程，纷纷在海外建厂和成立分销机构，国际物流业务就变得备受瞩目。

国际化企业在开展国际物流业务时，所关心的是整个供应链上的从原材料、半成品到成品的物理位移和库存控制。为了实现降低物流成本、提高物流效率等目标，企业需要对物流流程进行优化，包括物流计划的制订、实施和控制等。国际化企业的国际物流管理目标是对于多品种、少批量的商品的准时制配送，并且能够缩短交货时间。

对于不同的行业，由于其行业的经营方式和各自的行业特点不同，所采用的战略也不尽相同。

生产企业的国际物流战略的主要目标是针对在海外的生产、销售网点，构建能够实现准时制配送的物流系统。为了提高准时制配送的效率，企业需要构建一个生产和物流的一体化体系。过去通常的做法是，将生产出来的产品根据目的地的不同分别委托不同的公司来承运，即利用分散化的物流系统来完成物流配送任务。为了避免这种分散化的物流系统的弊端，最近的倾向是生产企业的出口据点和海外的配送据点由分散化向集约化转变。通过这种出口据点和海外配送据点的集约化，使从生产到全球范围内的配送、客户服务这一国际物流系统的运营更加合理化，从而实现降低物流成本和扩大销售范围的目的。

生产企业实现物流据点集约化比较有效的做法是委托具有准时制供给和配送能力的国际物流企业来完成国际物流业务。通过缩短从生产到销售的周期，可以大幅度削减原材料、半成品以及产成品的库存，从而达到降低成本的目的。

作为国际物流战略的一环，很多贸易企业的国际物流战略与生产企业的国际物流战略相比有其自己的特点。贸易企业除了具备国际化生产企业的国际性特征之外，在商品的进出口贸易过程中，贸易企业与生产企业同样都是以货主的身份出现的。尽管许多大的生产企业具有进出口权，但是贸易企业在商业网点功能方面更加具有自己的特色，如在与贸易相关的更广泛的领域内有自己的信息网络，特别是在国际物流方面，有专门的物流部门在统筹整个企业的物流业务。所以，贸易企业有着与运输企业相近的功能，当然贸易企业的业务范围更能够触及包括营业网点在内的商品的配送等相关的业务。最近的一种动向就是贸易集团企业依靠集团内的物流企业或者利用外部的物流企业的优势构建国际物流系统和开展国际物流咨询业务（如图 3-3-1 所示）。

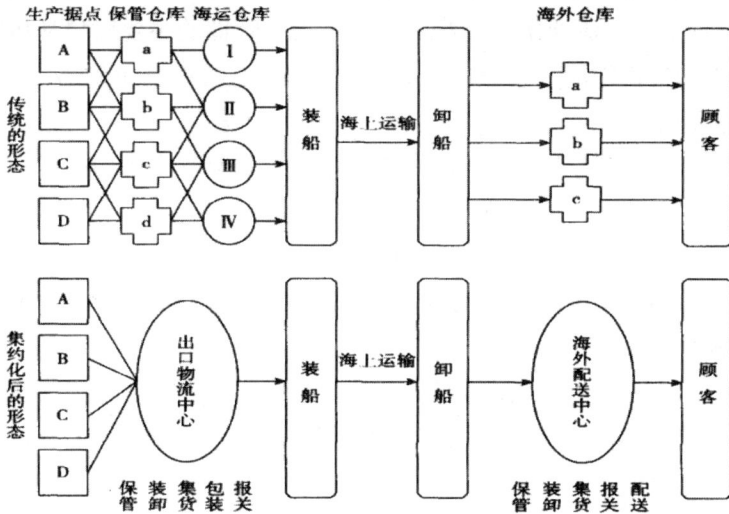

图 3-3-1　物流据点的集约化

# 第四节　在国际贸易中发展现代物流的路径

国际贸易发展得如火如荼，对现代物流的形式产生很大的影响，本节将对现代物流的管理以及多种多样的物流方式展开分析。

## 一、做好物流管理

物流管理是指在社会再生产过程中，根据物质资料实体流动的规律，应用管理的基本原理和科学方法，对物流活动进行计划、组织、指挥、协调、控制和监督，使各项物流活动实现最佳的协调与配合，以降低物流成本，提高物流效率和经济效益。

### （一）物流管理的特征

物流是实现从原材料市场到消费市场价值增值的一个重要环节，也正是在增值市场的驱动下，物流才变得越来越紧凑、稳定和高效。物流管理的特征主要表现在以下六个方面：

（1）以提高客户满意度为第一目标。物流起源于客户需求，离开了客户需求，物的流动就会变得盲目。因此，在客户需求的驱动下，物从供应商向终端消费者流动。客户需求成为驱动物流的原动力。

（2）着重整个流通渠道的物流运动。物流管理的主要对象从传统的包含采购、生产和销售物流的企业物流，扩展成包含退货物流和废弃品物流等逆向物流的社会物流。

（3）以整体最优为目的。现代物流综合了企业各个部门的职能，以实现整个企业和整个流通渠道资源最优化为目的。

（4）既重视效率又重视效益。现代物流管理不仅注重物流体系中的增值能力，还注重物流活动过程中的增值服务能力，把客户满意度作为衡量物流运营能力的标准。

（5）以信息为中心的实需对应型的商品供应体系。在信息的驱动下，物流的效率和效益达到了最大化，同时改变了传统的由预测驱动物流的方式，因为现代物流是由客户的订货单驱动的。

（6）对商品运动的一元化管理。伴随着商品实体的运动，必然会出现"场所移动"和"提前期"这两种物理现象。其中"提前期"在当今产销紧密联系、物流一体化、网络化的过程中，已经成为一种重要的经营资源。"场所移动"和"提前期"分别表达了从订货到交货的场所和从订货到交货的时间内涵，突出了准时的思想。

## （二）物流管理的程序

物流管理按管理程序可以划分为三个阶段，即计划阶段、实施阶段和评价阶段。

### 1. 计划阶段

计划是工作或行动以前预先拟订的方案。物流计划是为了实现物流的预期目标所做的准备性工作。

首先，要确定物流所要达到的目标以及为实现这个目标所进行的各项工作的先后次序。

其次，要分析在物流目标实现过程中可能遭遇的任何外界影响，尤其是不利因素，并确定应对这些不利因素的对策。

最后，要做出指导物流目标实现的人力、物力、财力的具体措施。

### 2. 实施阶段

物流实施阶段的管理就是对正在进行的各项物流活动进行管理，在物流各阶段的管理中具有最突出的地位。这是因为在这个阶段中，各项计划将通过具体的执行而受到检验，同时也把物流管理与物流各项具体活动进行紧密结合。

首先，对物流活动的组织和指挥。物流活动的组织是指在物流活动中把各个相互关联的环节合理地结合起来，形成一个有机的整体，以便充分发挥物流中的每个部门、每个物流工作者的作用。物流活动的指挥是指在物流过程中对各个物流环节、部门、机构进行的统一调度。

其次，对物流活动的监督和检查。通过监督和检查，我们可以了解物流的实施情况，揭露物流活动中的矛盾，找出存在的问题，分析问题发生的原因，提出解决的方法。

最后，对物流活动的调节。在执行物流计划的过程中，物流的各部门、各环节总会出现不平衡的情况。遇到上述问题，就需要根据物流的影响因素，对物流各部门、各环节的能力做出新的综合平衡，重新布置实现物流目标的力量。这就是对物流活动的调节。

3. 评价阶段

在一定时期内，人们对物流实施后的结果与原计划的物流目标进行对照、分析，这便是物流的评价。通过对物流活动的全面剖析，人们可以确定物流计划的科学性、合理性，确认物流实施阶段的成果与不足，从而为今后制订新的计划、组织新的物流活动提供宝贵的经验。

## （三）物流管理的基本理论框架

在物流管理理论体系中，要实现物流管理的目标，就应该关注物流战略管理、物流作业管理、物流成本管理、物流时间管理、物流质量管理和物流资源管理。

### 1. 物流战略管理

物流战略是企业或其他组织为适应未来环境的变化，寻求物流的可持续发展，就物流发展目标以及达成目标的途径与手段而制定的长远性、全局性的规划与谋略。

物流战略管理是对企业的物流活动实行的总体性管理，是企业制定、实施、控制和评价物流战略的一系列管理决策与行动，其核心问题是使企业的物流活动与环境相适应，以实现物流的可持续发展。

### 2. 物流作业管理

物流是由一系列物流作业组成的。随着物流管理越来越受到重视，物流作业管理也成为现代物流管理的重要组成部分。作业成本法是物流作业管理的有效的成本核算工具，企业利用作业成本法所得到的信息，在作业分析的基础上，对物流作业流程进行改善，实行有效的作业管理，从而实现物流的总成本最低和作业流程最优的目标。

3. 物流成本管理

广义的物流成本是指，生产、流通、消费全过程的物品实体和价值变化而产生的全部费用，具体包括从生产企业内部原材料的采购、供应开始，经过半成品、产成品的仓储、搬运、废品回收等发生的所有成本。狭义的物流成本是指，由于物品移动而产生的运输、包装、装卸等费用。

物流成本以物流活动的整体为对象，是唯一基础性的数据，是进行物流合理化的基础，也是衡量国家经济运行效率的重要指标。降低物流成本是物流管理的首要任务。由于物流各个功能相互关联、相互影响，一种功能成本的降低会使另一功能成本增加，存在着效益背反的现象，所以，企业必须从系统的角度考虑整体的最佳成本。

4. 物流时间管理

物流是原材料、半成品和商品在形成过程中的一种运动表现形式，具有一般运动的时间和空间上的基本属性，需要占据一定的空间并在空间上实现位移，需要消耗一定的时间并在一定的时间上延续。物流管理就是要使物流活动加速，从这一方面说，物流管理就是对物流时间的管理，通过物流加速，降低库存量，在最短的时间内，以最低的成本为客户提供最合适的产品。现代物流企业已经清楚地意识到加快物流速度、减少物流时间对于降低成本和提高竞争力的重要性。

5. 物流质量管理

物流质量的概念既包含物流对象质量，又包含物流手段、物流方法的质量，还包含物流工作质量，因而是一种全面的质量观。物流质量管理是指科学运用先进的质量管理方法、手段，以质量为中心，对物流全过程进行系统管理，包括为保证和提高物流产品质量和物流工作质量而进行的计划、组织、控制等各项工作。

从总体上来看，物流质量管理的直接任务有三个方面：一是质量保证；二是质量保护；三是为客户服务。

6. 物流资源管理

物流资源可以理解为物流服务和物流作业所依赖的资金、技术、人员、信息、知识、场地、设施、设备、网络等要素。一方面，物流资源是物流业生存和发展的基础，它决定着物流能力的大小和物流水平的高低。另一方面，现代物流的目标是合理地整合和集成物流资源，通过整合形成物流核心能力，在降低物流成本的同时提高物流服务水平。

## 二、做好运输工作

### （一）运输的概念

运输是物流的基本功能，是指利用相关的交通工具实现物资空间转移的活动，即把物资从某一处转移到另一处。根据我国相关标准，运输的定义为，用各种专用运输设备和工具，将物品从某一地点向另一地点运送的物流活动。其中包括集货、分配、搬运、中转、装入、卸下、分散等一系列操作。

运输具有以下三个特点：①运输是在流通环节完成的，它将物资从产地移动到最终消费地；②运输只改变劳动对象的空间位置；③运输是边生产、边消费，其创造的产品不具有实物形态，既不能储存，也不能调拨。所以，在客户的基本需求得到满足后，过量的运输活动会造成资源的浪费。

### （二）运输的原理

运输的原理实质上是每次运输中降低成本、提高经济效益的途径和方法，是指导运输管理和营运最基本的原理。

1. 规模原理

规模原理是指随着一次装运量的增大，每单位重量的运输成本下降。

2. 距离原理

距离原理是指随着一次运输距离的增加，运输费用的增加会变得越来越缓慢，或者说单位运输距离的费用越来越少。

3. 速度原理

速度原理是指完成特定的运输所需的时间越短，其效用价值越高。

配送中也存在运输，运输包含着配送，二者是整体与局部的关系。运输与配送的区别在于，运输可以泛指一切物资的转移，而配送则是专指运输距离较短、运输批量较小的运输。

## （三）运输的功能与重要性

### 1. 运输的功能

运输是用设备和工具，将物品从一个地点向另一个地点运送的物流活动。在物流中，运输的功能体现在下列几个方面。

（1）实现时间效用

运输使物品产生位移，不管物资的存在形式与所处阶段是什么，运输都会对其产生作用。另外，运输会在一定时间内对货物进行保管，虽然时间较短，但也形成了时间效用。物资的这种短时间存储主要是依靠运输设备实现的，在不断变化的环境下，人们越来越重视该功能。此外，运输还可以实现规模经济和距离经济。

（2）实现空间效用

空间效用是指物品的最终效益会受到客户对其实际所感知的使用价值的影响，而物品使用价值的实现则会受物品具体所处的场地影响。为实现某一物品的最大使用价值，就需要改变空间场所，提高物品的产出投入比，这就是空间效用。运输能实现物品的移动，利用运输把物品转移到空间效用最大的场所，最终实现物品价值最大化。

（3）实现规模经济

通过增加运输量，单位产品运输费用减少，产生规模经济。例如，铁路与水路运输方式的运载量大，单位产品运输成本却低于公路和空运类。这主要是因为一次运输的货物越多，就越能分摊与此有关的固定费用（接受运输订单的管理费用、设备使用费用等）。

（4）实现距离经济

距离经济是指单位距离的运输成本随距离的增加而减少。例如，1 000 千米的一次装运成本要低于 500 千米的两次装运成本。运输的距离经济也指递减原理，因为费率或费用随距离的增加而减少。总成本是固定的，随着距离不断增加，单位距离能够分摊的费用就不断减少。

### 2. 运输的重要性

运输能实现物品的移动，有效缓解供需双方所处地理位置的局限性，实现空间效用。运输作为推动企业、社会、国家经济发展的助推器，具有重大意义。

（1）运输是物流功能要素之一，是物流活动开展的中心环节

运输可以改变物品的地理位置，实现物品的有效转移。虽然我国未将物流业和运输业安排在一起，但不能否认的是，如果缺乏运输部门的大量运力，物流业将难以从满足客户需求中获得较高收益。

（2）运输成本是物流成本的重要组成部分

运输成本在物流成本的构成中所占比例最大。日本曾对商品从生产地转移到最终消费地，也就是最终客户手中产生的物流成本进行相关调查，其中包装、仓储、装卸搬运成本分别占 26%、16% 和 8%，其他费用占 6%，而运输成本居然占了 44%。根据调查结果，我们可以明显看出运输的重要性。运输对物流效率和物流成本都有着重大影响，企业可以通过选择合理的运输方式，对运输线路进行合理规划，安排合适的运量等措施，实现物流效率与效益的双重提高。

## （四）运输的方式

每种运输方式都有不同的特点，在特定环境下，运输方式要根据运送物品的种类、场所、距离、价值等来决定。例如，要把货物从广州运到南京，那就应选择铁路运输、航空运输或者公路运输；要把服装从我国运到纽约，应选择海洋运输；要把煤气从新疆运往上海，应选择管道运输；如果需要横跨大洋的包裹快递服务，应选择航空运输。对于大批量需要越洋运输的货物，还可以选择成组运输的方式（如表 3-4-1 所示）。

表 3-4-1　运输方式

| 基本运输方式 | 水上运输 | 内河运输 |
| --- | --- | --- |
| | | 海洋运输 |
| | 陆地运输 | 铁路运输 |
| | | 公路运输 |
| | 航空运输 | |
| | 管道运输 | |
| 复合运输方式 | 成组运输 | |
| | 多式联运 | |

1. 公路运输

公路运输虽在 20 世纪初才兴起，但发展极为迅速，并成为使用最为广泛的运输方式。公路运输的主要优点有：首先，它具有很强的机动性，能到达任何地方并提供门对门的服务，减少了与其他方式的转换时间；其次，使用者不必自己修建和维护运输路线，能利用现有的公路网络，车辆也不必遵守严格的时间表，可以随时上路。因此，公路运输可以较为精确地控制运输时间，这种得天独厚的优势使其成为实施准确制生产战略企业的首选运输方式。与铁路运输承运商在某些线路的垄断相比，公路运输在同区域内有着大量的承运人经营，竞争激烈，使价格更具有弹性。

公路车辆有许多不同的类型，其中很多是为特定用途设计的，在不同的国家有不同的法规。由于重量和尺寸的限制，公路运输通常运输的是小批量货物，这样就使运输费用变得相对昂贵。因此，公路一般用于短途运输，其运输的经济半径一般为 300 千米。公路运输用于制成品的运输要比用于原材料的运输的频率高。另外，汽车容易造成道路交通拥挤，导致交货延误。与其他运输方式相比，其还存在货物偷盗率较高和环境污染等问题。

随着运输技术的进步、高速公路的完善、大型重卡的发展及集装箱运输的兴起，中长途的大批量运输也开始频繁使用公路运输。

2. 铁路运输

铁路运输主要有以下优点。首先是运载量大，一旦基础设施在适当的位置建好，它的通货能力就比较强，单位运价也相对较低。因此，一些量大、笨重、体积庞大的货物的长距离运送通常会使用铁路，如煤炭、木材等。由于这个原因，铁路在供应链的上游部分得到了更广泛的应用。其次，火车可保持稳定的速度，并能与其他模式联合运送集装箱和散装货物，铁路对长距离运输更为有效。与公路运输中汽运公司通过租用车辆和使用公共道路就可以运营的模式相比，铁路运营商必须在运营前修建铁路和终端设施。由于铁路、机车和终端设施的投资巨大，大多数国家的铁路是由政府投资兴建并运营的。因此，铁路运输承运人数量很少，几乎都是公共承运人（向所有其他组织提供服务）。通常一条在两地间修建的铁路就已经有足够的能力满足各种需求，所以竞争者再运营同样的设施就变得不可行，这也是阻碍竞争者进入的一个因素。

铁路的主要缺点是提供的服务必须提前安排好时间，使其能应用于同一条线路，对紧急运输不适用。还有一个更明显的问题就是，火车仅仅能在两个固定端点之间沿着特定的路线行驶，不能在中途装卸货物。大多数客户住处距离这些站点还有一定的距离，必须利用公路衔接运送货物，这样就延长了运送时间。消除影响的最佳办法就是让物流节点坐落于火车站（或港口、机场、集装箱码头等适当的终端）附近，如果需求量足够大就应修建专门的设施。例如，对于一座发电厂而言，修建一条通往煤矿的专用铁路会比使用卡车更为方便。

3. 水上运输

（1）水上运输类型

水上运输主要有河流及运河运输（通常称为内河运输）和海洋运输，海洋运输又分为沿海运输（将物料从一个港口沿近海运往另一个港口）和海上运输（横跨主要海洋）两种类型。

许多国家都在发展运河运输，如连接加拿大和美国的圣劳伦斯河，欧洲的莱茵河，我国的长江、京杭大运河。目前，世界上许多国家的内河航运在散货运输中仍起着重要作用。人们常常将河流运输与小船和驳船联系在一起。事实上，有的海上船只也可以在河流环境中行驶相当长的距离，如万吨海轮可以直驶南京港、芜湖港。

（2）水上运输特点

90%的世界贸易使用海上运输，海运对一个国家的国际贸易发展而言非常重要。一些国家和地区运用海岸线进行国际运输，如鹿特丹、纽约和中国香港等城市均已发展为大型港口，世界前二十大港口处理了20%以上的世界贸易。

水上运输的主要优点是，有利于大宗货物长距离运输且运价较低、资源耗费少、环保。水上运输的主要缺点有：①被限制在固定港口，从供应商到客户的运输中不可避免地要转换运输方式，即使靠近港口也是如此，搬运费用偏高；②在港口加固及搬运货物需要时间；③易受天气影响，运输时间难以保证；④港口建设费用相对较高。尽管水上运输的速度有时过慢，但因为其单位成本较低，一直是最受欢迎的国际运输模式。

（3）水上运输船只类型

长途运输不可避免地要用到船只，不同种类的船只会产生不同的规模经济效应。因此，许多组织致力于用较低的单位成本运送大批量的货物。水上运输船只主要有以下类型：

①杂货船。

应用标准设计的杂货船可以装载所有类型的大宗货物。船设有侧门，车辆可以出入，但是货物装卸常常要用到起重机，而世界上的许多港口设有起重设施。因此，杂货船是世界上最为广泛使用的船只。

②散货船。

散货船专门装运廉价的散装大宗货物，如粮食或矿石。油轮可以装运任何流体，但到目前为止，主要运送石油。为了获得较大的经济价值，这些船只的容量需要尽可能地加大。

③集装箱船。

集装箱船又称货柜船，在广义上是指可用于装载国际标准集装箱的船舶，在狭义上是指全部舱室及甲板专用于装载集装箱的全集装箱船舶。

④渡船。

渡船通常称为滚上滚下船只，用于海上短距离运输，如烟台与大连间的近海运输，在欧洲和美国之间也有长途的渡船路线。

⑤驳船。

驳船挂在远洋航行的拖船后面，本身无自航能力，用于海面状况较稳定的短途运输，如在美国和波多黎各之间，其优点是比一般船只廉价。

⑥两用船。

除了专用船之外，也有许多适应国际贸易发展的其他设计。例如，利用两用船运输，先把汽车运到美国，然后把散装谷物运到日本的集装箱船；从中东装运石油，回程运送矿石的油类散货两用船。一个更为普遍的组合是乘客／集装箱船，并且保证乘客在港口的优先待遇。

（4）水上运输组织形式

①班轮运输。

班轮运输是指在固定的航线上，以既定的港口顺序，按照事先公布的船期表航行的水路运输方式。班轮运输约占海运量的 70% 以上。

②租船运输。

租船运输是指根据协议，租船人向船舶所有人租赁船舶用于货物运输，并按商定运价，向船舶所有人支付运费或租金的运输方式。

租船通常在租船市场上进行。在租船市场上，船东、租船人和船舶经纪人聚集在一起，互通情报，提供船舶和货源，进行租船活动。

③驳船队运输。

驳船队是内河货运的主要形式，又分为拖带运输、顶推运输等。

拖带运输与顶推运输是两种不同的行驶方式。拖带运输是拖船在前，依靠拖缆拖带驳船队前进；顶推运输是机动船在驳船队的后面，船队结成整体前进。

拖带运输与顶推运输相比，具有推进效率高、阻力小、航速快、操纵性能好等优点。另外，顶推运输船队的驳船可利用推船的设备改善工作条件与生活条件，在推行无人驳船、分节驳船，提高劳动生产率，降低运输成本等方面，顶推运输远远优于拖带运输。

当然，拖带运输也有顶推运输无法替代的优点。例如，拖带运输对驳船的强度要求较低，船队的集结、编队简单方便，抗风浪能力强，在狭窄、弯曲及浅水急流的航段上，无论是操纵稳定性能还是过滩能力都较顶推运输要强。

4. 航空运输

工业的发展和科学技术的进步促使人们日益增强对时间的价值观念，而航空技术的发展正能满足人们在这方面的需求。航空运输在速度上的优势，不仅使其在旅客运输方面，特别是长途旅客运输方面占有重要的地位，还使其在货运方面得到发展。

（1）航空运输的含义和地位

航空运输，简称空运，是使用飞机或其他航空器进行运输的一种形式，是一种较安全且迅速的运输方式，特别适用于价值高和时间紧的物资运输。

航空运输是一个对国民经济贡献很大的行业。根据航空运输行动组织（ATAG）的测算，航空运输对经济的贡献率为 GDP 的 8%。作为航空运输重要基础设施的机场，不仅是航空运输的起点和终点，还是现代城市重要的交通枢纽，承担着重要的社会公共服务职能。它对城市发展的贡献不仅在于发挥强大的运输功能，还在于推动区域社会经济的发展。具体来看，航空运输对区域经济社会发展的推动作用有以下几个方面。

第一，航空运输能够有效促进产业结构调整和社会就业。航空运输的快速发展能够有效促进以现代服务业为主体的第三产业的快速发展，而第三产业的发展既能加快区域产业结构的升级，实现经济转型，也能有效促进社会就业与城市消费升级。

第二，航空运输可以改变区域经济的空间布局。围绕机场周边的土地开发使机场发展与城市功能相结合，工业、商业、物流业、高端服务业以及居住区逐渐得到聚集和完善，使机场对区域经济的发展承担了重要的功能，对城市人口的地理分布、产业发展和布局都会产生重要影响。

第三，航空运输可以提高经济体系的运转效率。机场的投入使用与快速发展会加速形成区域内的立体交通网络，通过不同运输方式间的无缝连接，实现客货运输的一体化完整链条，提高区域经济社会体系的运转效率。

第四，航空运输可以保障区域经济的可持续发展。航空运输的域内聚集功能和域外辐射功能，使其既可以吸引更远地区的资金、技术、人才、信息等生产要素向区域内流入，也可以将区域内的经济能量向更远的地区扩散。

第五，航空运输的快速发展可以促进城市升级。航空运输的发展有助于加快区域旅游业的发展，加强本区域的对外合作与文化交流，促进人们思想观念的变化，提高当地人的生活品质，最终提升该区域在我国城市体系中的层级，实现城市结构转型。

航空运输是现代化的交通运输方式之一，随着我国工农业生产和整个国民经济的发展，航空运输与国民经济活动的关系也越来越密切，正在日益发挥它的独特作用。航空运输根据自己的特点和分工，和其他运输方式相互配合、相互补充、密切衔接、共同努力，就能迅速、及时、保质保量地把货物从生产地运到消费地。

（2）航空运输的特点

①速度快，时间短。

可以降低存货库存水平，加速企业资金周转，节约利息费用和仓储费用，同时能使企业适应市场行情的瞬息万变，提高企业竞争力。现代飞机巡航速度为 800～900 千米／小时，是汽车、火车等陆路运输的 5～10 倍，是水路运输的 20～30 倍，能提供速度最快的物流运输服务。企业利用航空运输可以降低存货库存水平，适应市场行情变化。

②安全准确，节省包装费用。

空运管理制度完善，货物留空时间短而准，空运过程振动、冲击小，温度、湿度条件适宜，与外界没有接触，货物被损、失窃率低。同时，空运还可以简化运输包装，节省包装费用

③适用范围广，用途广泛。

飞机在空中飞行以及直升机的起降及飞行，受陆地地形因素限制较少，受线路限制的程度也比公路、铁路和水路运输小，可以将地面上任何距离的两个地方连接起来进行定期或不定期的航空货物运输。其还可用于邮政、农业、渔业、林业、气象、旅游观光和军事方面。尤其是在灾区的救援供应以及边远地区的急救等紧急任务方面，航空运输已成为必不可少的运输方式。

④适于长距离、小批量的货物运输。

航空运费以千克为计算单位，轻货物 6～7 立方米折合 1 吨，而海运运费按 1 立方米折合 1 吨，所以少量货物的运输采用空运反而有利。

⑤基本建设周期短、投资少。

航空运输的基础设施主要有机场、导航设施和飞机，建设周期短、投资少、收效快，不需要在线路上花大量投资，且开航准备时间也短。据测算，在相距 1 000 千米的两个城市之间建立交通线，修建铁路的投资是开辟航线的 1.6 倍，开辟航线只需 2 年，而修建铁路周期为 5～7 年，回收航线投资只需 4 年的时间，而铁路建设投资的回收约需 33 年。

⑥运载量小、成本高。

航空运输具有运载量小、成本高和受气象条件限制等缺点，不适宜大批量货物、大件货物、价值低廉货物的运输。

由于航空运输具有上述特点，航空运输特别适宜长距离贵重物品、精密仪器、小批量货物、季节性强和时间紧迫货物、鲜活货物的运输。

（3）航空货物的运输方式

①班机运输。

班机运输是在固定的航线上定期开航的有固定始发站、经停站和到达站的飞机运输方式。通常使用客货混合型飞机，货舱容量较小，运价较贵，但因航期短，有利于客户安排鲜活商品或急需商品的运送。

②包机运输。

包机运输指航空公司按照包机合同约定的条件和费率，将整架飞机租给一个或若干个包机人（发货人或航空货运代理公司），从一个或几个航空站装运货物至指定目的地。包机运输适合大宗货物运输，费率低于班机运输，但时间比班机运输长。各国政府出于安全和维护本国航空公司利益的需要，常对从事包机业务的外国航空公司实行各种限制，因而目前包机业务并不普及。

③集中托运。

集中托运是航空货运代理公司将若干批单独发运的货物集中成一批向航空公司办理托运，填写一份总运单送至同一目的地，然后由其委托的当地代理人负责分发给各个实际收货人。集中托运可采用班机或包机运输方式。集中托运可提高服务质量，加速资金周转，降低运费，是航空货运代理的主要业务。

④联合运输。

联合运输指包括空运在内的两种以上运输方式的联合运输，主要有"火车—飞机—汽车""火车—飞机"和"汽车—飞机"三种。我国空运出口货物经常采用陆空联运方式，即用汽车、火车或船舶将货物运至香港，然后利用香港的优势，把货物经香港由飞机运达目的地或中转地机场，再通过当地代理，用汽车将货物运至目的地，一般十五天左右可达欧洲，费用为正常班机运费的二分之一或三分之二。

⑤航空快递业务。

航空快递业务是由快递公司与航空公司合作，向货主提供的快递服务。其业务内容包括，由快递公司派专人从发货人处提取货物后以最快航班将货物发出，飞抵目的地后，由专人接机提货，办妥进关手续后直接送达收货人，又称为"桌到桌服务"，是一种最为快捷的运输方式，但费用较高，只适于各种急需物品和文件资料的传递。

5. 管道运输

管道运输是国际货物运输方式之一，是随着石油生产的发展而产生的一种特殊运输方式，具有运量大、不受气候和地面其他因素限制、可连续作业以及成本低等优点。随着石油、天然气生产和消费的增长，管道运输发展步伐不断加快。

管道运输是用管道作为运输工具的一种长距离输送液体和气体物资的运输方式，是一种专门由生产地向市场输送石油、煤炭和化学产品的运输方式，是统一运输网中干线运输的特殊组成部分。有时候，气动管也可以做到类似工作，以压缩气体输送至固体舱，而内里装着货物。管道运输石油产品比水路运输费用高，但仍然比铁路运输便宜。

管道运输运输量大、连续、迅速、经济、安全、可靠、平稳，并且投资少、占地少、费用低，并可实现自动控制。除广泛用于石油、天然气的长距离运输外，还可运输矿石、煤炭、建材、化学产品和粮食等。管道运输可省去水运或陆运的中转环节，缩短运输周期，降低运输成本，提高运输效率。当前管道运输的发展趋势是，管道的口径不断增大，运输能力大幅度提高；管道的运距迅速增加；运输物资由石油、天然气、化学产品等流体逐渐扩展到煤炭、矿石等非流体。

在五大运输方式中，管道运输有着独特的优势。在建设上，与铁路、公路、航空相比，管道投资要省得多。有关专家曾计算过，沿成品油主要流向建设一条长 7 000 千米的管道，它所产生的社会综合经济效益，与铁路运输相比，仅降低运输成本、节省动力消耗、减少运输中的损耗三项，每年就可以节约资金 10 亿元左右。而且对于具有易燃特性的石油来说，管道运输有着安全、密闭等特点。

在油气运输上，管道运输有其独特的优势。一是平稳、不间断。对于现代化大生产来说，油田不停地生产，管道可以做到不停地运输，炼油化工工业可以不停地生产成品，满足国民经济发展需要。二是安全。对于油气来说，汽车、火车运输均有很大的危险，国外称之为"活动炸弹"，而管道在地下密闭输送，具有较高的安全性。三是保质。管道在密闭状态下运输，油品不挥发，质量不受影响。四是经济。管道运输损耗少、运费低、占地少、污染小。

# 三、规划运输内容

## （一）确定运输战略

运输战略是为了寻求运输的可持续发展，就运输的目标、达成目标的途径和手段而制定的长远性、全局性的规划与谋略。运输战略的确定直接决定了运输规划的其他要素。在进行运输规划时，首先要对运输活动所处的环境进行分析，主要包括国家的宏观运输政策、运输市场的发展状况、物流系统的综合战略、其他物流节点的情况等。在对上述问题进行分析的基础上，确定运输战略，明确运输规划的大方向。

## （二）选择运输线路

在组织运输活动时，一般会存在多种可供选择的运输线路。运输工具按不同的运输线路完成同样的运输任务，由于工具的利用情况不同，运输效率和运输成本也会不同。因此，选择时间短、费用省、效益好的运输线路是运输规划的一项重要内容，也是运输战略的充分体现。

## （三）选择运输方式

运输合理化的关键就是选择适当的运输方式。通常可以考虑在具体条件的基础上，对货物品种、运输期限、运输成本、运输距离、运输批量、运输安全性、车辆配载与调度问题等具体事项做认真的研究，可以选择一种运输方式，也可以选择多种运输方式的联合运输。

## （四）控制运输过程

运输活动目标的实现有赖于有效的过程控制。由于运输过程的瞬间变动性，对运输过程进行控制的难度远远大于对固定节点的控制。因此，在进行运输规划时如何实现对运输过程的有效控制，既是运输规划的难点也是重点。随着运输过程信息化水平的提高，对运输过程的控制和管理更加便捷，也可以使运输管理者进行信息共享，以减少信息滞后的影响，为客户提供更好的运输服务。

# 四、发展现代物流配送技术

## （一）配送的含义

根据2021年发布的《中华人民共和国国家标准：物流术语》对配送的定义："根据客户要求，对物品进行分类、拣选、集货、包装、组配等作业，并按时送达指定地点的物流活动。"可见，配送是物流中一种特殊的、综合的活动形式，是商流与物流的紧密结合，既包含了商流活动和物流活动，也包含了物流中若干功能要素。

配送另外一个被广泛认同的定义是，配送就是根据客户的要求，在物流据点内进行分拣、配货等工作，并将配好的货送交收货人的过程。

配送是从发送、送货等业务活动中发展而来的。原始的送货是作为一种促销手段出现的。随着商品经济的发展和客户多品种、小批量需求的变化，原来那种有什么送什么和生产什么送什么的发送业务已不能满足市场的要求，从而出现了"配送"这种发送方式。

我们可从以下两个方面来对配送有一个更准确的理解。

**1. 从资源配置的角度认识配送**

配送是以现代送货形式实现资源最终配置的经济活动，其内涵可概括为四点：

①配送是资源配置的一部分，因而是经济活动的一种形式。

②配送是资源的最终配置，是接近客户的配置，体现了按需分配。

③配送的主要经济活动是送货，这里面强调的是现代送货，其与传统送货的区别在于，其是以现代生产力、劳动手段为支撑，依靠先进技术实现"配"和"送"有机结合的一种送货方式。

④配送在社会再生产过程中是处于接近客户的那一段流通领域，因而有其局限性。这里所说的局限性是在概念中提到的"在经济合理区域范围内"。例如，地处深圳的配送中心向华北地区客户配送，无论从时间上还是从距离上都是不合理的，因而配送并不能解决流通领域的所有问题。

**2. 从实施形态的角度认识配送**

配送必须要按客户订货要求，在配送中心或其他物流节点进行配货，并以最合理的方式送交客户，其内涵可概括为四点：

（1）按照客户要求进行资源配置

配送以客户要求为出发点。定义中强调"根据客户要求"明确了客户的主导地位。配送是从客户利益出发、按客户要求进行的一种活动，因此，在观念上必须明确"客户第一""质量第一""服务第一"，配送企业的地位是服务地位而不是主导地位，不能从本企业利益出发而应从客户利益出发，在满足客户利益的基础上获得本企业的利益。更重要的是，不能利用配送损害或控制客户，不能将配送作为部门分割、行业分割、市场割据的手段。

（2）和一般送货有区别

一般送货可以是一种偶然的行为，而配送却是一种固定的形式，甚至是一种有确定组织、确定渠道，有一套装备和管理力量、技术力量，有一套制度的体制形式。所以，配送是高水平的送货形式，即现代送货。

另外，从事配送的一般是专业的流通企业而不是生产企业。配送是中转型送货，而一般送货尤其从工厂至客户的送货往往是直达型的。所以，要做到客户需要什么送什么，就必须在一定的中转环节筹集这种需要，从而使配送以中转形式出现。

（3）配送是"配"和"送"有机结合的形式

如果在送货之前不进行分拣、配货，有一单运一单，有一点送一点，这就会大大增加资源的消耗，提高送货成本，使送货并不优于取货，最终不得不提高销售价格，这样势必会降低产品竞争力。可见，配送是要利用有效的分拣、配货等理货工作，使送货达到一定的规模，以规模优势取得较低的送货成本。所以，要追求整个配送的优化，分拣、配货等工作是必不可少的。

（4）基于"以最合理的方式"的考虑

过分强调"根据客户要求"是不妥的，因为客户的要求是从客户本身的利益出发的，不合理地满足客户要求往往会损失自我或双方的利益。对于配送者来讲，必须以"客户要求"为根据，但是不能盲从，应该追求合理性，进而指导客户，实现共同受益的商业原则。

## （二）配送的作用

在整个物流过程中，配送属于物流的基本功能，其作用主要有以下几点。

### 1. 完善运输过程和整个物流系统

第二次世界大战之后，大吨位、高效率的运输力量的出现使干线运输在铁路、海运或公路方面都达到了较高水平，长距离、大批量的运输实现了低成本化。支线转运或者小搬运往往成了物流过程的薄弱环节。采用配送方式，从范围上看是将支线转运与小搬运统一起来，使运输过程得以优化和完善。

### 2. 提高末端物流的经济效益

采用配送方式，将各种商品集中在一起，用一次性发货代替分别向不同客户小批量发货，实现经济发货，其目的是提高末端物流的经济效益。

### 3. 通过集中库存使企业实现低库存或零库存

实行准时配送，生产企业可以不用继续保持自己的库存。采取集中库存时的库存量要低于不采取集中库存时的库存量，集中库存不仅能提升库存调节能力，还可以提高社会经济效益。

### 4. 可以简化流程，为客户提供便利

采用配送方式，客户不用像以往一样多订货，只需要联系订货即可，这在很大程度上减少了客户的订货耗时，同时也节省了很多成本。

### 5. 提高供应的保证程度

生产企业受库存费用的限制，单纯依靠自己的力量来维持库存，很难保证货物的及时供应。而配送中心则拥有比企业更大的存储量。

6.提高社会的经济效益

随着互联网的发展，网购量呈急剧上升的趋势。从社会角度而言，电子商务的发展必须有商品配送和货款支付这两个重要条件。因此，如果商品配送不能与市场上的销量相匹配，就会对网购这一新兴购物方式的快速发展产生影响，甚至会影响整个社会经济效益的提升。

### （三）配送的工作步骤

1.制订配送计划

配送是物流业务的一种组织形式，而商流则是其制订配送计划的主要依据。也就是说，商流提出了在什么时候、在哪里、给谁送货的要求，而配送还需要考虑运输路线、运力、运量能否满足配送要求。

（1）配送计划的制订依据

①以订货合同副本为依据确定客户的接货地点、接货人、接货方式及送货时间，客户订货的品种、数量、规格等其他要求。

②依据配送货物的运输要求来决定车辆的类型和运送方式。

③分时、分天的运输配置情况。

④交通与道路状况。

⑤各配送点所存的货物品种、数量及规格情况等。

在充分掌握以上信息资料之后，把以上数据按照固定的程序输入计算机。计算机通过专用的配送计划软件自动处理数据后输出配送计划表，或者直接利用计算机向执行部门发出指示。当然，在不能实施以上方法的情况下，也可以人工制订配送计划。

（2）人工制订配送计划的步骤

①按日汇总客户需要的物资品种、规格、数量，并详细地列出客户的地址，可在地图上标明，也可在表格中列出。

②计算出向每个客户运输所需要的时间，以此来确定起运的提前期。如果运输距离较短，就可以不考虑提前期。

③确定每天应从每个配送点发运物资的品种、数量和规格，可以采用表上或图上作业法完成，也可以吨公里数最低或以总运距最小为目标，通过函数计算求出最优解，这就是最优配送计划。

④根据配送计划选择和确定配送形式。

⑤以表格的形式拟订详细的配送计划。

**2. 下达配送计划**

确定配送计划后,将货物的品种、数量、规格及到货时间通知客户和配送点,以便客户和配送点可以分别按照计划发货和接货。

**3. 按照配送计划来确定物资的需求量**

各配送点按配送计划计算好库存物资的配送保证能力,对数量及种类不足的物资组织进货。

**4. 配送点下达配送任务**

配送点向各运输部门、仓储部门、分货包装部门及财务部门下达配送任务,各部门做配送准备。

**5. 配送发运**

配货部门按要求将客户所需的各种货物进行分货及配送,然后再进行适当的包装并详细标明客户的名称、地址、送达时间、货物明细。按计划将客户的货物组合、装车,并将发货明细交给司机或随车送货人员。

**6. 送达**

送货人员根据指定的路线将货物送达客户手中,在得到客户签字的回执后,马上通知财务部门进行结算。

# 第四章　国际贸易环境下现代物流发展的趋势和对策

本章的主要内容为国际贸易环境下现代物流发展的趋势和对策，介绍了国际贸易环境下现代物流发展的趋势以及国际贸易环境下现代物流发展的对策两个方面的内容。

## 第一节　国际贸易环境下现代物流发展的趋势

### 一、国际货物运输概述

就运送对象来讲，运输可以分为旅客运输和货物运输两大类。而就货物运输来说，可以按地域分为国内货物运输和国际货物运输两大部分。国际货物运输就是借助于各种运力，利用各种运输手段和工具，实现货物在不同国家和地区之间空间位置上的转移。

国际货物运输按运送货物的性质可以分为国际贸易货物运输和非国际贸易货物（展览品、行李物品、办公用品、援外物资等）运输两种。由于在国际货物运输中主要是国际贸易货物运输，非国际贸易货物运输所占比重较小，所以国际货物运输也被称为国际贸易货物运输。本书中所讲的国际货物运输指的是国际贸易货物运输。国际货物运输作为国际商品流通不可缺少的基本环节，是国际物流的重要组成部分，也是国际物流活动的核心。

### 二、国际货物运输的作用与意义

国际货物运输进行的是国家与国家、国家与地区之间的商品运输。商品运输是随着商品生产和商品交换而发生和发展的。在商品经济的条件下，生产和消费之间在空间上存在矛盾，具体表现为生产和消费在空间上相互分离，在地点上存在距离。要解决这一矛盾，就必须通过商品的运输，实现商品在空间位置上的转移，消除产销空间距离。如果没有商品运输，商品流通和交换是无法顺利进行的。因此，商品运输被视为一项很重要的经济活动，在国际贸易和国际物流中起着十分重要的作用。

首先，国际货物运输是实现国际贸易的重要保证。

国际贸易进行的是国际的商品流通和商品交换，进出口商品在空间上流通的范围极为广阔，国际货物运输成为实现国际贸易所不可缺少的基本环节。在一笔具体的国际贸易交易中，在商品成交以后，只有通过商品运输，按照约定的时间、地点和条件把商品交给对方，贸易的全过程才算最后完成。如果没有运输的介入，国际贸易是无法进行的。

尤其是在当前的国际贸易中，国际市场竞争十分激烈，交易双方对于交货时间、运送速度和运输费用等条件和因素都极为重视，快速、及时、安全、优质的货物运输不仅能够保证按时交货，保证交易的实现，而且有利于企业占领市场，扩大商品的销路，赢得信誉。

其次，国际货物运输能够促进国际贸易的发展。

随着经济的不断发展，生产规模日益扩大，产品的数量越来越多，就需要不断地去寻求和开辟更多和更广阔的市场。世界各国之间的贸易往来，经济技术交流和国际市场的形成，都是以国际货物运输为前提条件的。而国际运输业的发展，运输工具的日趋现代化，运输体系结构的逐步完善以及国际运输组织管理水平的不断提高，不仅使开拓越来越广阔的国际市场成为可能，而且提高了运输的效率，加快了货物运输的速度，从而加速了货物的周转，缩短了商品流通的时间，又进一步促进了国际贸易的发展。

再次，国际货物运输是国际物流的核心活动。

国际物流是根据国际贸易的需要发生在不同国家之间的物流，即各种进出口商品在国际上的物品实体的转移，这种转移既包括作为进出口商品的"物"在空间上的位移，又包括其在时间上的延续。因此，运输和储存是国际物流的两大核心功能。而在国际物流中进行"物"的转移始终不可能脱离位置的移动，并且运输的效率影响着国际物流的速度，由此决定了运输在国际物流中占据着非常重要的地位，甚至在许多时候成为国际物流的代名词。

最后，国际货物运输是国际贸易的组成部分，也是降低国际物流成本的重要影响因素。

在国际贸易中，商品的交易价格中包含着商品的运价，商品运价和商品的生产价格一样是随着国际市场供求关系的变化而围绕着价值上下波动的，商品运价的变化会直接影响到国际贸易商品价格的变化。国际货物运输的主要对象是国际贸易商品，所以国际货物运输也是一种国际贸易。不过这种国际贸易用于交换的不是有形的、物质形态的商品，而是一种无形的、特殊的商品——运输服务（商品空间位移）。对于从事国际运输的企业来讲，通过提供运输服务，开展无形贸易，获取运输收入，可以为国家创汇，成为一国外汇收入的重要来源。所以，国际货物运输又是一种无形的国际贸易。

国际货物运输路线长，运输环节多，产生的运输费用高，运输费用在国际物流费用中所占比重很大，约占 50%。

## 三、国际货物运输的特点

与国内货物运输相比，国际货物运输具有以下几个方面的特点：

第一，国际货物运输是一项政策性很强的涉外活动。国际货物运输作为国际贸易的组成部分，在组织货物运输的过程中，需要经常同国外发生联系，这种联系不仅是经济上、业务上的联系，而且会涉及国际政治问题。同时国际政治、经济形势的变化也会直接或间接地影响到国际货物运输。所以，国际货物运输既是一项经济工作，又是一项政策性很强的涉外活动。

第二，国际货物运输路线长、中间环节多。国际货物运输进行的是国家与国家、国家与地区之间的商品和货物的运输，其运输距离比国内货物运输要长得多。由于运输距离长，在运输过程中需要采用各种运输方式，使用不同的运输工具，经过多次装卸搬运，导致商品交接、转运和换装等运输中间环节多。

第三，国际货物运输涉及的部门多，运输过程复杂多变。货物在国际运输过程中需要涉及国内外许多不同的部门，要与不同国家和地区的货主、中间代理人、交通运输部门、商检机构、保险公司、银行、海关等打交道。同时，由于各个国家和地区的政治、经济、法律、金融、货币制度不同，政策法令规定不一，在贸易运输习惯和经营上也有很大的差异，这些都增加了运输组织的难度和运输过程的不确定性。而国际政治风云变幻、经济形势变化和各种自然灾害都会对国际货物运输产生影响。所以，国际货物运输又是一项复杂多变的运输组织工作。

第四，国际货物运输时间性强，风险较大。在国际市场上，出口商品的竞争十分激烈，商品价格瞬息万变，要在竞争中取胜，不仅要求商品本身的质量好，而且要求商品上市的速度快。就进口商品而言，其大多是国内建设和生产所急需的商品，若运输迟缓、到货速度慢，就会影响生产的进度和重点建设的按期完成。所以，国际货物运输的时间性很强。在国际贸易合同中，货物的装运期和交货期都被列为合同的条款，如果违反了这些条款，即构成根本性的违约。因此，按时装运进出口商品也是关系到"重合同、守信用"的大问题。

国际货物运输距离长，中间环节多，涉及面广，情况复杂多变，时间性强，其风险也比较大。针对国际货物运输风险大的特点，为了转嫁运输过程的风险损失，在国际货物运输中，对各种进出口货物和运输工具，都需要办理运输保险。

## 四、国际货物运输的方式

国际货物运输是通过各种运输方式，使用不同的运输工具来实现和完成的。我国的国际货物运输方式主要有海洋运输、铁路运输、公路运输、航空运输、邮政运输和以集装箱为媒介的国际多式联合运输等。

海洋运输是国际货物运输中最主要的运输方式。国际贸易总运量中 2/3 以上的货物、我国进出口商品中 60% ～ 70% 的货物都是通过海洋运输的方式完成的。海洋运输按照船舶经营方式的不同，分为班轮运输和租船运输两种形式。陆上国际货物运输的方式有铁路运输和公路运输。铁路运输包括国内铁路货物运输和国际铁路货物联运两部分。航空运输是一种运输快捷、运输质量很高的现代化货物运输方式，随着航空运输事业的不断发展，航空运输的货运量不断增加。邮政运输是以邮政部门作为货运代理人的运输服务形式，主要通过各种运输方式，尤其是航空运输方式来完成。将两种或两种以上单一的运输方式组合起来，形成多种运输方式之间相互衔接连贯的运输方式称为国际多式联合运输。国际多式联合运输具有许多优于单一运输方式的特点，是一种现代化的新型运输方式。

各种运输方式各有其特点，对不同货物的运输具有不同的适应性。国际货物运输应根据运输货物的性质、特点和对运输条件的要求选择适当的运输方式。

## 五、国际物流的形成原因和发展趋势

### （一）国际物流的形成原因

国际物流从依附于国际贸易到独立成为一个组织严密的行业，经历了一个漫长的过程。行业中的企业进入物流行业也有着很多的内在动力，正是这些动力起到了推动器和发动机的作用。从事国际物流行业，其根本目的就是获利，企业也可以获得生存与发展的空间。以下几个因素推动了国际物流行业的发展：

### 1. 技术进步与生产率的提高

第二次世界大战以后，不论是老牌工业化国家、新兴工业化国家还是战后重建的国家，经济都有了迅速的发展。经过了一段高速发展时期之后，工业化国家的整体经济发展速度已经趋缓，而传统的经营策略与市场开发手段已经不能支撑企业的成长和盈利。与此同时，技术的不断进步使制造业和物流业的劳动生产率迅速提高。在经济增长乏力的同时，生产率提高必然会导致大量剩余产品的出现，这就促使各国只能尽量向海外销售产品，才能增加收入以提高利润。这种扩展需要制造和营销的完美结合，并通过国际物流的支持才能实现。对利润的追求成为推动企业进入国际市场的动力，也是国际物流行业发展的最根本动力。

### 2. 供应链思想

在当前的市场中，合作与竞争并行不悖已经成为一种常态，而在企业发展过程中，只要是能够帮助企业提高生产率、降低成本的方式，就都会受到企业的欢迎。在这个发展过程中，供应链管理的思想被大多数企业所接受，这种思想成为推动国际物流发展的又一个动力。在国际物流中，涉及各个国家和地区的供应商、制造商、物流服务商以及客户等诸多方面，只有各方面通力合作，才能达到提高效率、降低成本的目的。这也凸显了供应链管理的重要性。

按照传统的发展思路，企业总是希望在内部进行改革以达到降低成本和费用的目的，有些时候就会有意无意地忽略了和整个渠道其他成员之间所发生的费用。国际贸易相关企业，尤其是一些具有较大规模的跨国企业，会试图自行建立所有相关系统，虽然这会让企业完全掌握和控制所有流程，但这会大大提高企业所需要负担的成本。企业完全可以利用外部资源来承担范围更广而且更专业的物流服务，从而极大降低企业成本。这种业务外包而非自我完成的方式已经被充分证明极其重要。企业愿意和国际化物流服务商一起构建供应链，这些物流服务商能够以合理的成本在各国之间进行物流服务的整合。通过供应链管理，可以使企业获得竞争中的整体优势。

### 3. 区域化扩张

当企业生产能力扩展迅速，国内市场已经无法满足其需求的时候，企业就会自动选择向海外扩张。通常情况下，企业走出国门最现实也最方便的选择就是向邻国扩张。一旦这种扩张在各个国家中都广泛开展，各国为了使地区贸易和主要贸易伙伴不受外来激烈竞争的影响，就会利用合约的方式进行区域一体化。现在，世界上这种区域一体化组织主要包括欧盟、北美自由贸易区、东盟、亚太经合组织等。虽然这种区域一体化行为并不具备排外的特征，但是区域内部的成员确实可以在一体化框架下获得更多、更稳定的经贸往来。这种区域一体化组织内部一个非常重要的目的就是通过互降关税、简便通关手续、统一单证格式等手段推动区域内经济往来，从而简化区域内部商品物流的流程，提高效率。在区域化过程中，国家之间行政区划的设定阻碍了贸易的发展。为了适应政治上的要求，跨国公司既增加了时间成本也增加了物流成本，然而在成本增加的同时却没有给消费者或者经济往来对象带来更大的效益。尽管区域经济一体化的努力旨在为区域内国家之间的贸易往来提供便利，但是政府的各种限制在一定程度上削弱了这种努力。无论如何，区域经济一体化仍然推动了国际贸易的发展，相应地也推动了国际物流的发展。

### 4. 技术革新

通信技术和信息技术的进步对于国际物流的发展有着深远影响。正是通信技术的发展，才会让各个国家的消费者了解其他国家商品的具体情况，从而推动贸易的发展，刺激全世界范围内的物流需求。

技术发展带来的另外一个国际物流的推动力是信息技术的发展，包括信息交换能力、计算机和网络的日益普及等。从物流发展的历史上来看，诸如订单、交付凭证以及海关表格等相关商业文件，通常属于硬拷贝文件，必须耗费大量时间进行填写和传输。一旦整个过程中出现误差，很可能会使之前的工作全部付诸流水。而随着信息技术的进步，特别是互联网的广泛应用，不但可以加快订货需求的传输速度、生产进度、装运进度以及海关清关速度等，还会使整个国际物流作业周期大大缩短，并提高国际物流作业的准确性。

### 5. 各国管制的取消

随着经济的发展，各国已经接受了开放经济会对国家利益更有利的观点。因此，针对对外经济的管制已经逐渐被放开。对于国际物流来讲，金融业和运输业管制的解除对其发展有着重要的作用。

第一，解除对金融业的管制。政府通过法令规章和程序手续方面的变化促进全球金融和国际贸易的发展。以各国政府发起的信用机构和国际金融货币市场等为载体，扩大和保证了长期的进出口信贷，其能力和作用已经远远超过单一银行。这种做法不仅提高了资本的可得性，而且减少了单一银行由于巨额坏账所导致的巨大风险，增加了各国之间贸易的总量，推动了经济发展。此外，布雷顿森林货币体系的崩溃使浮动汇率制成为世界主流的汇率制度。这就使发达国家与发展中国家都可以根据自身的经济发展条件和发展程度利用财政与货币政策来改变本国汇率以使之适应国际市场的需要。浮动汇率制度更有力地推动了各国货币在国际上的自由流动，促进了世界经济整体的增长。

第二，解除对运输业的管制。20世纪后期，全世界范围内发生了涉及多式联合运输所有权、经营权、私有权以及沿海航行权和双边服务贸易协定等方面的变化。这种变化对国际物流产生了非常重要的影响。从历史上看，许多国家都曾经对国际运输所有权和经营权进行过限制，也就是说承运人在传统上被限制在单一运输方式的范围内经营，几乎很少有共同定价和作业协定。由于在这些方面没有共同的物权、作业协定和定价协定，这就使涉及的若干当事人国际航运变得相当复杂，因为国际货运交付通常需要多个承运人来履行和管理整个货运流程。此外，承运人在作业、收货与交付方面都受到种种限制。简单来说，是政府而非市场力量来确定外国承运人所能承担的服务范围的。虽然，这些领域的所有权和经营权限制仍然存在，但各国间的营销安排和联盟安排已经大大提高了运输的灵活性。

运输国际化蓬勃发展的另一个重要推动力是承运人私有化程度的提高。此前，很多国家的承运人都是本国政府，其目的是促进贸易并且能够在需要的时候提供战略储备。但是政府作为经济行为人，不论是效率还是动力都不足，这就使政府承运人提供的物流相关服务变得既昂贵又不可靠，加之强硬联合和工作规章等限制又产生了低效率的运输作业。因此，高成本和低效率经营相结合导致了许多政府承运人不得不亏本经营。为了改善运输服务，许多政府都已经对大型承运人进行了私有化。在竞争性的市场中经营，私有化的承运人必须改善服务、提高效率以争取客户，国际贸易和其有着很强的因果关系。

从制度角度来看，沿海航行权和双边服务贸易协定中的变化也是影响国际物流的重要因素。沿海航行权在法律上要求两个国内港口之间的客货运输必须由本国承运人承担。这种条款在保护了本国运输行业的同时，在整体上降低了运输设备的使用效率。因此，各国都在尝试逐渐放开沿海航行权的限制以提高贸易效率。双边服务贸易协定要求平衡各国登记批准在其国内起点港和终点港进行营运的承运人数目。这些协定所起的作用是，在特定的关键通关中限制提供服务的国际承运人总数。双边服务贸易协定也会导致承运人提供重复服务，使低流量通道中的运输能力过剩。因此，双边服务贸易协定有着天然的缺陷，当前国际上普遍的建议都是从双边服务贸易协定向多边服务贸易协定发展。这需要各国政府之间相互合作，最终达到改善运输服务、降低运输成本的目的，推动国际贸易和国际物流的发展。

## （二）国际物流的发展趋势

### 1. 物流技术高速发展，物流管理水平不断提高

物流企业的整体技术装备已经达到了相当的水平，目前已经形成以信息技术为核心，以运输技术、配送技术、装卸搬运技术、自动化仓储技术等专业技术为支撑的现代化物流装备技术格局。

### 2. 专业物流形成规模，共同配送成为主导

专业物流企业是伴随着制造商经营取向的变革应运而生的。制造商为了迎合消费者不断细化及个性化的产品需求，不得不采取多样少量的生产方式。这就使高频度、小批量的配送需求随之产生。在经济发达的国家中，专业化的物流服务已经颇具规模，其有利于制造商降低流通成本，提高运营效率，并将有限的资源和精力集中在自身的核心业务上。

共同配送是经过长期的发展和探索优化出的一种追求合理化配送的配送形式，也是发达国家运用比较广泛、影响较大的一种先进物流方式，其对于提高物流运作效率、降低物流成本有着重要意义。从社会角度来讲，实现共同配送主要有以下好处：减少社会车流总量，减少闹市卸货妨碍交通的现象，改善交通运输状况；通过极小化处理，有效提高车辆的装载率，节省物流处理空间和人力资源，提升商业物流环境水平进而改善整体社会生活品质。总而言之，共同配送可以最大限度地提高人员、物资、金钱、时间等物流资源的使用效率，取得最大效益，还可以去除多余的交错运输，缓解交通压力，保护生态环境等。

### 3. 整体性供应链管理模式被广泛重视

传统的管理模式习惯于将组织分为不同部门，将每一个部门视为一个成本中心来管理。这种管理方式会引发组织内部的诸多问题，如各自为政、争夺企业有限资源、引发冲突等。这些问题最后会引发整体组织内部的混乱。因此，新的管理模式是将整个组织视为一个整体，在组织中有很多维持动力的机制，如采购、生产、销售、配送等，这些机制需要有效的链接来满足客户需求。这种整体性的管理可以使管理者精确安排每一项活动，从而获得一系列经济行为的最大利益。这种整体的观点也可以让整个组织内部对外界变化更快地做出反应，加快组织调整速度。

### 4. 国际化第三方物流服务商兴起

随着经济全球化的发展，生产地和消费地分离，二者之间的距离越来越远。

为了更快地将商品送到消费者手中，国际物流的地位越来越重要。为了满足销售商和消费者的需求，出现了一种新型的整合上下游物流活动的企业形态，这种企业被称为国际化第三方物流服务商。这类企业可以从生产端开始，整合全球相关的物流配送活动，进而将商品精确地运输到消费者需要的地点。第三方物流服务商是物流专业化的重要形式，也是一个国家物流产业形成的标志。

从微观层面上来看，第三方物流服务商可以依托下游的零售企业，成为零售企业的配送与加工中心。其也可以依托上游生产企业，成为生产企业的物流代理。这种集成物流作用模式使供应链的小批量库存补给更加经济，还创造出比供需双方自行提供物流服务更快捷安全、服务水平更高、成本更低廉的物流服务。从宏观层面上来看，选择第三方物流服务商意味着减少生产企业自身的配送中心，将更多的业务转交给社会配送中心。由于社会配送中心的专业化程度高，其更容易扩大规模，实现规模经济，提高劳动生产率。这不仅节省了企业运营成本，还节约了能源，保护了环境。而生产企业也可以更关注自身的核心竞争力，集中发挥自身特长。因此，国际化第三方物流服务商的兴起将会对未来经济全球化的发展产生重大影响。

5. 政府的贸易促进手段更加完善

在影响国际物流发展的因素中，政府的作用至关重要。其中，国际物流发展所需要的基础设施建设和法律制度完善属于政府需要完成的工作。基础设施完备会让物流企业更致力于提高自己的标准化程度，提高生产效率，而无须针对不同市场提供不同的服务。法律制度的完善也会为物流企业节省大量的隐性成本，从而起到推动国际贸易与国际物流发展的作用。

# 第二节　国际贸易环境下现代物流发展的对策

## 一、健全物流法律法规

目前，中国已成为世界第二大经济体和商业体，需要建立国际商业物流的相关法律法规。因此，中国司法部门必须对国际物流业进行深入研究，研究国际物流方面的法律法规，根据当前国际物流的发展形势，尽快出台能够为中国国际物流业提供法律援助的法律法规，这样当中国的国际物流企业遇到法律纠纷时，可以援引法律来维护自身权益。

近年来，随着中国综合国力的增强，国际贸易支持体系也得到了发展，但中国的仓库、运输和基础设施建设仍相对落后。因此，我们必须加快基础设施建设，建立完善支持国际物流运输的法律法规。

## 二、加快培养专业物流人才

国际物流业的发展离不开专业的物流人才。国际贸易的发展离不开先进的物流产业，要提高我国国际贸易的影响力，就必须加快国际贸易专业物流人才的培养，这些专业物流人才必须具备专业的组织协调能力、专业知识，能够从事国际贸易活动，具备国际贸易所必需的技能。由于理论与实践相分离，一些员工只有经过长期培训，才能适应经营环境，成为企业需要的人才。因此高校必须加强与企业的联系，以国际物流企业为学生实习基地，通过校企联合管理，为我国国际物流业的发展提供合格的专业人才。

## 三、加强物流管理，建立物流管理网络

中小企业很难参与国际商业物流，它们的运输能力限制了它们的发展，而且这些中小企业的管理水平较低，也限制了它们参与国际商业物流活动。在这方面，政府应发挥一定作用，帮助和鼓励物流企业开展强有力的合作，做大、做强物流企业，组建国际物流集团，参与国际物流业的竞争，并为客户提供满意的国际物流服务。

现代国际贸易要求物流企业具有较高的运输能力和较强的经营能力，一些中小企业将在竞争中逐渐被淘汰。因此，为了参与贸易物流的国际竞争，我们需要增强商业实力，积极参与联合经营，扩大企业规模，以参与国际市场的竞争。

## 四、加强服务意识，提供现代物流服务

随着国际物流的发展，客户对物流服务提出了新的要求。物流服务意识如果仍然停留在传统的观念上，将不能适应国际物流的发展。国际物流需要信息和自动化服务。因此，物流企业应与时俱进，改变以往的经营管理方式，采用新的国际物流管理理念，向现代国际物流发展，根据客户需求开展个性化的私人物流服务，加强与世界各国的联系，及时收集国际物流信息，积极配合国际物流服务，推动国内物流企业向国际化方向发展，积极参与国际物流竞争，拓宽视野，提高物流服务水平。

# 第五章 电子商务时代国际贸易与现代物流的新发展

本章的主要内容为电子商务时代国际贸易与现代物流的新发展，主要介绍了四个方面的内容，分别是电子商务概述及发展历程、电子商务的主要内容、电子商务时代国际贸易的发展以及电子商务时代现代物流的发展。

## 第一节 电子商务概述及发展历程

### 一、电子商务的含义

电子商务是运用计算机技术、网络通信技术、自动控制技术、数据库技术和多媒体技术等，借助 Internet 进行联系，有效地组织商务贸易活动，实现整个交易过程的电子化。这个过程包括网上广告、订货、付款、客户服务，也包括货物的投递、销售以及市场调查分析、财务核算等。电子商务是作为一种综合技术出现的，它对传统的面对面交易方式是一种挑战。

从狭义上看，电子商务就是电子交换或电子贸易，主要利用网络提供的通信手段在 Internet 上进行交易活动，包括通过 Internet 买卖产品、提供服务。交易内容一般都是实体化的，如汽车、书籍、家用电器等；也可以是数字化的，如新闻、录像、软件等；还可以提供各类服务，如安排旅游、远程教育等。总之，电子商务并不局限于在线买卖，它是从生产到消费的各个方面影响商务活动的方式。

从广义上看，电子商务还包括企业内部的商务活动，如生产、管理、财务等，它不仅是硬件和软件的组合，更是把买家和卖家、厂家和合作伙伴利用 Internet 技术与现有的系统结合起来开展业务。实际上它涵盖了商业活动中的所有内容，从广告发布到打印发票和客户服务，是一个无所不包的动态的新型全球商业体系。

为了进一步明晰物流对电子商务的影响，我们可以从电子商务的概念模型进行分析。电子商务由电子商务实体、电子市场、交易事务和信息流、商流、资金流与物流等基本要素构成（如图5-1-1所示）。

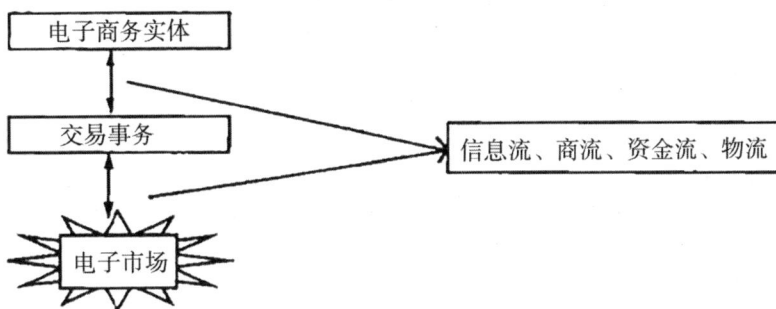

**图 5-1-1 电子商务的概念模型**

电子商务实体是指能够从事电子商务的客观对象，它可以是企业、银行、商店、政府机构和个人等。电子市场是指电子商务实体从事商品和服务交换的场所。它由各种各样的商务活动参与者利用各种通信装置，通过网络连接成一个统一的整体。交易事务是指在电子商务实体之间所从事的具体商务活动的内容，如询价、报价、转账、支付、广告宣传以及商品运输等。在电子商务条件下，信息流、商流和资金流的处理都可以通过计算机和网络通信设备实现。而物流则是较为特殊的一种，它是物品实体（商品或服务）的流动过程，具体指运输、存储、配送、装卸、保管以及物流信息管理等各种活动。对于少数商品和服务来说，其可以直接通过网络传输的方式进行配送，如电子出版物、信息咨询服务以及有价信息软件等。而对于大多数商品和服务来说，物流仍要通过物理方式传输。一系列机械化和自动化工具的应用以及准确、及时的物流信息对物流过程的监控，将使物流的流动速度加快、准确率提高，能有效地减少库存，缩短生产周期。

电子商务概念模型的分析强调信息流、商流、资金流和物流的整合，其中信息流最为重要，它在一个更高的层次上实现对流通过程的监控。

## 二、电子商务的范围、类型及层次

### （一）电子商务的范围

电子商务涉及范围广阔，涉及内联网（Intranet）、外联网（Extranet）和Internet 等领域。它利用一种前所未有的网络方式将客户、销售商、供货商和员工联系在一起，将有价值的信息迅速传递给人们。电子商务涵盖的业务范围包括：

①信息交换；

②售前和售后服务（如提供产品和服务的信息、产品使用技术指南、回答客户咨询等）；

③销售；

④电子支付（如电子资金转账、信用卡、电子支票、电子现金）；

⑤运输（物流配送）；

⑥组建虚拟企业（物理上不存在的企业，集中一批独立中小型公司的权限，提供比任何单独公司更多的产品和服务）；

⑦公司和贸易伙伴可以拥有运营共享的商业方法。

### （二）电子商务的类型

电子商务分为四种类型：

1. 商业—商业

商业机构对商业机构的电子商务，也称企业与企业间的电子商务。

B2B 电子商务主要是进行企业间的产品批发业务，也称为批发电子商务。传统上，基于 EDI 技术的 B2B 电子商务由于其巨额的开销，成为大企业、大银行以及大的合作伙伴之间的专利。但目前基于 Internet 的 EDI 技术的出现和各种网络支付手段的建立和完善使中小型企业进入这一领域成为现实。

2. 商业—消费者

商业机构对消费者的电子商务，也称商业对客户或企业对消费者的电子商务。这是最常见的电子商务活动。这类电子商务活动主要是借助于 Internet 开展的在线式销售活动，随着网络的迅速发展，网上销售的形式越来越普及。

3. 商业—政府机构

商业对政府机构的电子商务，是公司、企业与政府机构之间的电子商务。

例如，政府不定期地在 Internet 上发布采购计划的详细信息，各公司可以以电子化的方式做出回应。

### 4. 消费者—政府机构

消费者对政府机构的电子商务是政府对个人的电子商务。这类服务目前还没有真正出现，但随着前几种电子商务形式的发展，政府会把电子商务的形式扩展到个人纳税、社会福利发放、缴费等领域。

除了上面四种类型，还有一种类型就是消费者对消费者的电子商务，这是一种投机性最大的网上交易类型。

## （三）电子商务的层次

根据运作程度，企业电子商务可以划分为三个层次：

### 1. 初级层次

这是指企业开始在传统商务活动中部分引入计算机网络信息处理与交换技术，代替企业内部或对外部分传统的信息存储和传递方式。例如，企业建立内部计算机网络进行信息共享和一般商务资料的存储和处理，通过 Internet 传送电子邮件，在 Internet 上建立网页宣传企业形象。

### 2. 中级层次

这是指企业利用计算机网络的信息传递部分代替某些合同成立的有效条件，或者构成履行商务合同的部分义务。

例如，企业实施网上在线交易系统、网上有偿信息提供、贸易伙伴之间的约定文件或单据的传输等（这种方式仍需要不同程度的人工干预，因为在线销售环节与产品供应不能有效衔接）。这一层次的电子商务要涉及一些复杂的技术问题（如安全问题）和法律问题（如法律的有效性问题）。

### 3. 高级层次

这是电子商务发展的理想阶段。在这一阶段，企业商务活动的全部程序将被计算机网络的信息处理和信息传输所代替，从而最大限度地取代了人工干预。

在企业内部与企业之间，从交易的达成到产品的生产、原材料的供应、贸易伙伴之间单据的传输、贷款的清算、产品提供的服务，均实现了一体化的计算机信息传输和信息处理。这一层次实现了企业最大限度的内部办公自动化和外部交易的电子化连接。

## 三、中国电子商务的发展历程

电子商务是一种基于电子方式的商务或买卖活动，通过互联网进行商务运作。电子商务涵盖了网上调查、网上咨询、网上广告、商务洽谈、网上订货、网上贸易、网上支付、电子物流、售后服务等诸多商务活动，具体涉及生产、流通、分配、交换和消费等环节的所有电子信息化处理活动。电子商务正以惊人的速度在世界范围内蓬勃发展。

我国电子商务的发展阶段可以总结如下：

### （一）1997—1999 年的萌芽起步阶段

这个时期我国产生了最初的电子商务形式。例如，1997 年 4 月，中国大陆第一家网上商店杭州新华书店网站正式上线，标志着中国第一家 B2C 网上书店诞生；1997 年 12 月，中国化工信息网正式上线，标志着中国第一家 B2B 网站诞生；1999 年 9 月，阿里巴巴集团成立，目前已成为中国最大的 B2B 电子商务公司；1999 年 5 月，王峻涛创办 8848，标志着中国第一家 B2C 综合电子商务网站诞生；1999 年 8 月，邵亦波创办易趣网，标志着中国第一家 C2C 电子商务网站诞生。

### （二）2000—2002 年的冷冻调整阶段

21 世纪初，随着美国纳斯达克指数的崩盘，网络经济遭遇挫折，电子商务发展暂时进入冷冻调整期。2001 年 9 月，8848 倒闭成为中国互联网冷冻调整期的重要标志之一。

### （三）2003—2005 年的复苏回暖阶段

2003 年底，电子商务开始逐步回暖，以阿里巴巴集团为代表的电子商务服务商开始进入各行业与消费领域。2003 年 5 月，阿里巴巴集团投资 1 亿元人民币成立淘宝网，进军 C2C 领域，逐渐改变国内 C2C 市场格局；2003 年 6 月，易贝（eBay）完全收购易趣，控制中国大陆 C2C 业务 80% 以上的市场份额；2003 年，非典催热在线交易，卓越网、当当网由此受益；2003 年 10 月，阿里巴巴集团推出"支付宝"，开始第三方担保的在线支付服务，正式进军电子支付领域。

### （四）2006—2008 年的竞争与高速增长阶段

随着电子商务的逐步发展，电子商务的应用不断延伸，竞争也日趋激烈，电子商务企业之间竞争与合并，出现了一轮高潮。2006 年 12 月，eBay 宣布与 TOM 在线合资成立新的电子商务公司 TOM 易趣；2008 年 10 月，百度"有啊"正式上线，标志着百度正式踏入网购领域，实现了网络交易和网络社区的结合；2007 年，我国网络购物市场取得了爆发式增长，年增速超过 113%；2008 年则延续了这种高增长态势，增速超过 130%。2008 年，网购用户规模达 8 000 万，近三成的网民都成为网络购物用户，网络购物占社会消费品零售总额的比重也首次突破 1%。

### （五）2008—2010 年的竞争与规范管理阶段

2008 年，金融危机的爆发使电子商务交易额增速有所放缓，但也导致电子商务行业竞争与规范管理时期的到来。2009 年 7 月，淘宝网"诚信自查系统"上线为 C2C 历史上规模最大的一次反涉嫌炒作卖家的自查举措；2010 年 6 月，中国人民银行正式对外公布《非金融机构支付服务管理办法》，对国内第三方支付行业实施正式的监管。规范经营、诚信经营成为这一时期电子商务企业的关键词。

### （六）2010—2014 年的新技术应用与发展阶段

2010 年以来新的信息技术层出不穷，移动互联网、云计算、大数据、社交网络、移动支付等的应用，加快了电子商务社会化和生活化应用的发展，基于 Web 2.0 的社交媒体营销、移动互联网应用逐渐超越桌面互联网应用，基于 O2O 模式的互联网应用创新、电子商务正在成为生活、工作和商务活动的主流模式。

### （七）2014—2017 年的移动与线上线下整合阶段

2017 年"双 11"当天，天猫商城全天交易额突破 1 682 亿元，其中移动端交易占比 92%，而 2014 年同期，这一数字仅为 42.6%。除了天猫商城平台之外，"双 11"各大电子商务平台中移动端交易都在暴增，接近 70%。该数据足以说明移动端支付已经打破 PC 端过于集中的大平台格局，成为电子支付市场中的领头羊。而在与 2016 年同期数据的比较之中可以看出，移动端支付的增长率仍有很大潜力。预计在接下来的几年中，移动端支付将会继续保持在市场中的领先地位，其市场占有率仍会持续增长，带来"全民手机购物"时代。

2014 年 4 月，阿里巴巴集团以 53.7 亿港元（当时 1 港元 ≈0.794 25 人民币）对银泰商业进行战略投资，2017 年 11 月 20 日，阿里巴巴集团、欧尚零售、润泰集团宣布达成新零售战略合作。根据战略协议，阿里巴巴集团将投入约 224 亿港元，直接和间接持有高鑫零售 36.16% 的股份，从而成为后者第二大股东。高鑫零售旗下有欧尚、大润发两大品牌，2016 年的营收超过 1 000 亿元。其间，阿里巴巴集团还收购了联华超市、新华都、三江购物、苏宁云商等企业的部分股份，又与百联集团合作。盒马鲜生幕后的投资人也是阿里巴巴集团。

2015 年，京东投资 43 亿元收购永辉超市 10% 股份后，又于 2016 年 6 月 20 日宣布沃尔玛成为京东集团的战略投资者，沃尔玛将获得京东集团 5% 的股份，京东集团拥有 1 号店的主要资产。此次交易之后，沃尔玛在中国的实体门店将接入京东集团投资的中国最大的众包物流平台"达达"和"京东到家"，并成为其重点合作伙伴。2016 年 10 月 20 日，双方宣布山姆会员商店正式独家入驻京东商城；沃尔玛全球官方旗舰店正式入驻京东全球购。

除了阿里巴巴集团和京东集团两大巨头以外，小米科技创始人雷军也早就开始了在新零售的布局，开设小米之家。小米之家自开出第一家门店后，就从未停止过扩张。小米公司通常会将小米商城中购买频次最高的产品铺设到线下店中。小米之家的坪效（每平方米的销售额）排在世界第二，仅次于苹果直营店。

经过十多年的发展，电子商务已经进入了与线下店进行战略合作的阶段，线上与线下整合将是线下店转型和线上电子商务做大的必由之路。

### （八）2017—2020 年的线上全面发展阶段

这一阶段有以下几个特点：

第一，PC 到无线的转变是每个人都能亲身体会到的过程，消费者逐渐向无线端迁移，把网络消费的主阵地转移到无线端中去。

第二，电子商务逐渐涉及生活的方方面面，涉及广义消费者的各个领域，整个互联网渗透的速度之快，影响范围之广，不可阻挡。

第三，移动互联网飞速发展，线上与线下融合，互联网无处不在。

第四，我国有最大的消费力和市场，这里面也需要很多新颖的服务类型，涉及整个的物流管理、订单管理、订单和身份信息的结合以及海关系统的结合。

# 第二节　电子商务的主要内容

## 一、电子商务的特点

作为一个依赖互联网的、发展历史不太长的事物，电子商务的出现给社会带来了巨大的变化，这与它自身的一些特点是分不开的。

### （一）虚拟化

这里的虚拟化是指在整个贸易过程中，交易双方完全在由网络和计算机组成的虚拟环境下完成交易。从贸易磋商、签订合同到货款支付，都是通过以互联网为代表的计算机互联网络进行的。对卖方来讲，其可以通过网站来实现产品和服务信息发布、市场营销、网上交易、电子支付、售后服务以及信息反馈；对买方来讲，其可以通过网络寻求合作伙伴、进行网上交易等。比如，在当当网上买一本书，从查找书的相关信息、下订单，到用网上银行支付购书款，都可以直接通过网络完成。

### （二）成本低

互联网是国际性的开放网络，使用费用非常低廉，特别是对于中小型企业来讲，电子商务极大地提高了它们的竞争力。与传统贸易相比，距离越远，网络传输信息成本的低廉性就越显著：存储在计算机内部的信息可以反复使用和修改，减少了信息的发布成本；互联网使无纸贸易成为可能，大约减少了90%的文件处理费用；互联网也是产品营销的渠道，降低了传统营销的费用；买卖双方可以直接交易，减少了中间环节的费用；买卖双方信息的及时沟通，使无库存生产和消费成为可能。电子商务还可以使企业实现无店铺销售。

### （三）效率高

在电子商务中，各项业务可以在计算机系统中进行自动处理，如电子采购等。这使电子商务避免了传统商务中存在的费用高、易出错、处理速度慢等弊端，缩短了交易时间，使交易活动更快捷、更高效。

### （四）透明化

买卖双方从交易的洽谈、签约、货款的支付到交货通知等过程都在网络上进行。通畅、快捷的信息传输可以保证各种信息之间互相核对，使交易更加透明。

## （五）安全性

目前，电子商务的安全性主要通过技术手段和安全电子交易协议标准来保证。安全技术包括加密机制、签名机制、分布式安全管理、存取控制、防火墙、安全万维网服务器、防病毒保护等。安全电子交易协议标准比较多，符合国际标准的主要有安全套接字（SSL）协议和安全电子交易（SET）协议。采用这些已有的实用技术和协议标准可以为企业和个人建立一个安全的、可靠的电子商务环境。

## （六）开放性和全球性

由于互联网跨越国界，只要有网络的地方，就有可能创造贸易机会。互联网使地球变成了一个地球村，距离和时间不再是贸易的障碍。

综合以上特点，电子商务作为一种新的商业模式有很多优越之处，它可以突破地域和时间限制，使处于不同地区的人们自由地传递信息，互通有无，开展贸易。它的快捷、迅速、自由和交换的低成本为人们所乐道，这也是电子商务在最近几年飞速发展的重要原因。

# 二、电子商务的分类

电子商务的实现是一个逐渐成熟的过程。对企业和消费者来说，不同种类、不同层次的电子商务过程蕴含着不同的发展机遇。根据不同的分类标准，电子商务主要有以下几种类型。

## （一）按商业活动运作方式划分

按照商业活动运作方式的不同，可以将电子商务分为完全电子商务和非完全电子商务。

### 1. 完全电子商务

完全电子商务可以完全通过互联网及电子工具来实现整个交易过程。换句话说，完全电子商务是指商品或者服务的完整过程都是在信息网络上实现的。比如，可以直接通过网络传输的商品和服务包括计算机软件、音乐作品、视听作品、电子报刊等。完全电子商务使交易双方超越地理空间的障碍来进行电子交易，可以使交易辐射全球市场，也使物流过程不再受传统方式的约束。

## 2.非完全电子商务

非完全电子商务即无法完全通过互联网及电子工具来实现整个交易过程，它需要依靠一些外部因素，如配送系统等来完成交易。一般在网上交易的如果是实物而非虚拟产品，其物流过程就不可避免地要通过传统的方式来实现。比如，海尔进行的原材料采购，其交易的大部分环节基本可以在网上实现，但是原材料由供应商转移到海尔还是离不开传统的运输。

## （二）按交易主体划分

按照交易主体的不同，可以将电子商务分为以下几类：企业对企业（B2B）、企业对消费者（B2C）、消费者对消费者（C2C）、企业对政府机构（B2G）、消费者对政府机构（C2G）。

### 1.B2B 电子商务

B2B 电子商务即企业对企业的电子商务，是指在企业与企业之间使用互联网及电子工具进行的商务活动。如 1688 网站是我国领先的小企业国内贸易电子商务平台，以批发和采购业务为核心，通过专业化运营，完善客户体验，全面优化企业电子商务的业务模式。目前，1688 网站已覆盖原材料、工业品、服装服饰、家居百货、小商品等 16 个行业大类，提供原料—采购—生产加工—现货批发等一系列的供应服务。

### 2.B2C 电子商务

B2C 电子商务即企业对消费者的电子商务，基本等同于电子零售。这类电子商务主要借助于互联网开展在线销售活动。目前，互联网上已经遍布各种类型的商业中心，提供各种商品和服务，主要有服装、书籍、保健品、家政服务和食品等。当当网是北京当当网信息技术有限公司营运的一家中文购物网站，以销售图书、音像制品为主，兼具发展小家电、玩具、网络游戏点卡等其他多种商品的销售，目前是全球最大的中文网上图书音像商城，面向全世界中文读者提供中文图书和音像商品，每天为成千上万的消费者提供方便、快捷的服务。

### 3.C2C 电子商务

C2C 电子商务即消费者对消费者的电子商务，它通过互联网在消费者之间提供进行交易的场所，可以是个人闲置商品交易，也可以是全新商品交易，一般形式有网上拍卖和一口价。当今的 C2C 交易平台中淘宝网广受欢迎，淘宝网由阿里巴巴集团于 2003 年投资创办。目前，淘宝网是亚洲第一大网络零售平台，其目标是致力于创造全球首选的网络零售商圈。

### 4.B2G 电子商务

B2G 电子商务即企业对政府机构的电子商务，它可以涵盖企业与政府组织间的许多事务。其过程一般是政府将采购的要求在互联网上公布，企业在网上进行投标。企业可以通过互联网实现发布标书、开标、评标、定标的各个步骤，可以签订电子合同，实现电子化结算，并通过交互式的视频会议进行网上谈判。

### 5.C2G 电子商务

C2G 电子商务即消费者与政府机构之间的电子商务，不以营利为目的，主要包括政府采购、网上报关、报税等，对整个电子商务行业不会产生很大的影响。这类活动虽然还没有达到真正的报税电子化，但是，它已经具备了消费者与政府机构之间电子商务的雏形。随着商业机构对消费者、商业机构对政府机构的电子商务的发展，会向个人提供更为全面的电子方式的服务。政府各部门向社会纳税人提供的各种服务，如社会福利金的支付等，将来都会在网上进行。C2G 模式主要可以用于电子政务中：政府机关的各种数据、文件档案，社会、经济数据都以数字形式存储于网络服务器中，用户可通过计算机检索机制快速查询、即用即调。经济和社会信息数据是花费了大量的人力、财力收集的宝贵资源，如果以纸质方式存储，其利用率较低，若以数据库文件形式存储于计算机中，人们可以从中挖掘出许多有用的知识和信息。

## （三）按交易对象划分

按照交易对象的不同，可以将电子商务分为三类：有形商品电子商务、数字商品电子商务和服务商品电子商务。

### 1. 有形商品电子商务

有形商品电子商务是指将实物商品的交易尽可能通过网络来完成，这是电子商务的一个重要组成部分，也是传统商务与电子商务相互交叉的产物。

### 2. 数字商品电子商务

数字商品电子商务是指通过网络传输数字商品达成交易的电子商务形式。在数字商品交易过程中，没有实物商品流通过程，因此也没有商品的储存、包装和运输费用。

### 3. 服务商品电子商务

服务商品电子商务的交易对象是服务商品。它提供的也是无形商品，但和数字商品电子商务不同的是，有的服务商品电子商务中也结合了物流过程，如邮政电子商务等。

## 三、电子商务的基本业务流程

### （一）网络商品直销流程

网络商品直销是指消费者和生产者或者需求方和供应方直接利用网络所开展的买卖活动。B2C 电子商务基本属于网络商品直销的范畴，其最大特点是供需直接接触，环节少、速度快、费用低（如图 5-2-1 所示）。

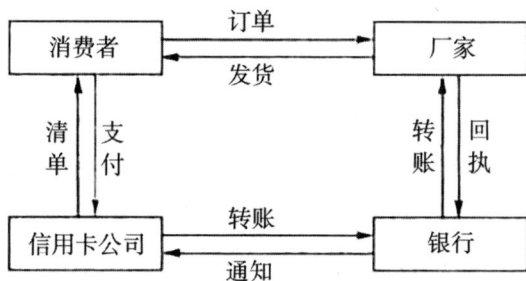

**图 5-2-1　网络商品直销流程**

①消费者进入互联网，查看在线商店或企业的主页。

②消费者通过购物对话框填写姓名、地址、商品品种、规格、数量、价格。

③消费者选择支付方式，如信用卡、借记卡、电子货币或电子支票等。

④在线商店或企业的客户服务器检查支付方服务器，确认汇款额是否被认可。

⑤在线商店或企业的客户服务器确认消费者付款后，通知销售部门送货上门。

⑥消费者的开户银行将支付款项传递到消费者的信用卡公司，信用卡公司负责发给消费者收费清单。

为保证交易过程中的安全性，需要有一个认证机构对在互联网上交易的买卖双方进行认证，以确认他们的真实身份。此时，交易流程演变为具有认证机构的网络商品直销流程（如图 5-2-2 所示）。

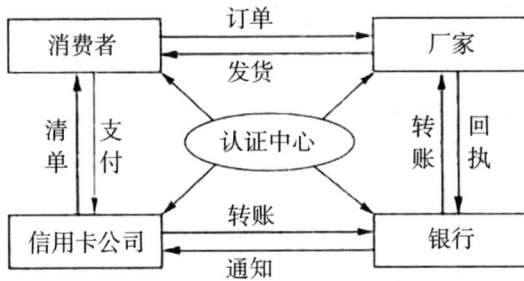

**图 5-2-2 具有认证机构的网络商品直销流程**

上述过程应当在 SET 协议下进行。在安全电子交易的四个环节中，即从消费者、商家、支付网关到认证中心，IBM、Microsoft 等企业均有相应的解决方案。网络商品直销的优点在于，能够有效地减少交易环节，大幅度降低交易成本，从而降低消费者所得到的商品最终价格。在传统的商业模式中，企业和商家不得不拿出很大一部分资金用于开拓分销渠道。分销渠道的扩展，虽然扩大了企业的分销范围，增加了商品的销售量，但是也意味着会有更多分销商参与，企业不得不出让很大一部分的利润给分销商，客户也不得不承担商品高昂的最终价格，这是生产者和消费者都不愿看到的。电子商务的网络直销可以很好地解决这个问题：消费者只须输入厂家的域名，访问厂家的主页，即可清楚地了解所需商品的品种、规格、价格等情况，而且主页上的价格既是出厂价，又是消费者所能接受的最终价。这样就达到了完全竞争市场条件下出厂价格和最终价格的统一，从而使厂家的销售利润大幅度提高，竞争能力不断增强。

另外，网络商品直销还能够有效地减少售后服务的技术支持费用。许多在使用中经常出现的问题，消费者都可以通过查阅厂家的主页找到答案，或者通过电子邮件与厂家技术人员直接交流。这样，厂家可以大大地减少技术人员的数量，减少技术人员出差的次数，从而降低了企业的经营成本。

网络商品直销的不足之处主要表现在两个方面：一方面，消费者只能从网络广告上判断商品的型号、性能、样式和质量，对实物没有直接的感知，在很多情况下可能产生错误的判断，而某些生产者也可能利用网络广告对自己的产品进行不实的宣传，甚至可能打出虚假广告欺骗消费者；另一方面，消费者利用信用卡进行网络交易，不可避免地要将自己的密码输入计算机中，由于新技术的不断涌现，犯罪分子可能利用各种高科技的作案手段窃取密码，进而盗窃客户的钱款，这种情况不论是在国外还是在国内均有发生。

## （二）企业间网络交易流程

企业间网络交易是 B2B 电子商务的一种基本形式。交易从寻找和发现客户出发，企业利用自己的网站或网络服务商的信息发布平台发布买卖、合作、招投标等商业信息。借助互联网超越时空的特性，企业可以方便地了解到世界各地其他企业的购买信息，同时也有随时被其他企业发现的可能。通过商业信用调查平台，买卖双方可以进入信用调查机构申请对方的信用调查。通过产品质量认证平台，可以对卖方的产品质量进行认证，然后在信息交流平台上签订合同，进而实现电子支付和物流配送。最后是反馈销售信息，这样便完成了整个 B2B 电子商务交易流程。

## （三）网络商品中介交易流程

网络商品中介交易是通过网络商品交易中心，即虚拟网络市场进行的商品交易。这是 B2B 电子商务的另一种形式。在这种交易过程中，网络商品交易中心以互联网为基础，利用先进的通信技术和计算机软件技术，将商品供应商、采购商和银行紧密地联系起来，为客户提供市场信息、商品交易、仓储配送、货款结算等全方位的服务。

网络商品中介交易的流程可分为以下十二个步骤：

①买卖双方将各自的供应和需求信息通过网络通知给网络商品交易中心，网络商品交易中心通过信息发布服务向参与者提供大量的、详细准确的交易数据和市场信息。

②买卖双方根据网络商品交易中心提供的信息选择自己的贸易伙伴。

③网络商品交易中心从中协调，促使买卖双方签订合同。

④买方在网络商品交易中心指定的银行办理转账付款手续。

⑤指定的银行通知网络商品交易中心买方货款到账。

⑥网络商品交易中心通知卖方将货物发送到设在买方最近的网络商品交易中心配送部门。

⑦配送部门送货给买方。

⑧买方验证货物后通知网络商品交易中心货物收到。

⑨网络商品交易中心通知银行买方收到货物。

⑩银行将买方货款转交卖方。

⑪卖方将回执送交银行。

⑫银行将回执转交买方。

## 四、电子商务应用的现状

从电子商务在世界范围内的发展状况来看，美国、日本、德国、法国、英国等国家发展状况良好。而我国电子商务发展的时间较短，但是发展的规模与速度较快。在我国的电子商务发展中，东部沿海地区较为发达，中部和西部地区较为落后。

我国的工业在经历了大规模的专业化和信息化之后，电子信息程度和对应的投资有了新的进展。许多企业在内部已实现规模化、信息化，把专业的生产和电子信息结合在一起，形成规模经济。电子信息化的改革与发展更使管理阶层的管理专业化和速度化。电子信息的发展大大促进了电子商务的发展与应用。

对于政府而言，政府更愿意支持和发展电子商务，这样既节省资源，又树立了地方政府的良好形象。在政府部门的支持和推动下，一些企业的信息化进程有了很大的转变。许多企业更是认识到企业信息化的重要性，开始转变经济发展方式，促进经济的发展。但是，企业电子信息化程度还相对较低。企业的软件设施和硬件设施都较为落后，从总体上来说，提高企业的竞争力必须大力发展电子商务，提高企业电子商务的应用水平。

### （一）国际电子商务的发展状况

在西方发达国家，电子商务经过多年的发展，已经进入了繁荣时代，通过互联网进行交易已经成为当下的一种潮流。美国凭借其高度发展的信息技术优势，竭力推动全球电子商务的发展。一些发达国家一直极为重视电子商务的发展。以美国为例，美国认为电子商务将是 21 世纪经济增长的重要推动力。美国的电子商务始于 20 世纪 80 年代，随着互联网技术的不断发展，传统的商业模式已经逐渐落后，电子商务模式已经渐渐取代传统商业。

英国政府在经历一系列的经济危机后，决心大力发展先进的电子商务业务，将使用电子商务的家庭比例提高到世界前列。为此，英国政府任命了一位电子商务大臣，专门负责电子商务推广的各种业务。英国政府鼓励人们学会上网及网络技术。政府的公共部门招商和投标均以网络技术为依托，这样人们要想从政府部门获得工作机会，就必须学会网络技术。加拿大总理也实施了一系列的公共政策，颁布并实行了《加拿大电子商务发展战略》，促进了加拿大在电子商务领域各方面的飞跃式发展。

日本在发展网络技术和电子商务方面稍显落后，但为了赶上世界电子商务的发展进程，也采取了多种积极的方法和措施。日本专门成立了政府的电子商务部门。金融行业和银行的互联网发展也取得了进步。

世界各国对电子商务的扶持政策很多，而这些政策正好反映了各个国家想要通过电子商务抢占世界市场的战略目标。目前多数电子商务企业都看好亚洲，这一地区人口众多，消费力高涨，是世界大市场的重要领域。为此多数电子商务企业正在积极调整亚洲的人员分配和资源配备，准备迎接即将到来的电子商务发展高潮。

## （二）我国电子商务的发展状况

从国际发展水平上看，我国的信息化程度偏低。个人计算机的保有量虽大，但人均计算机量却远低于世界平均水平，其中还有相当一部分计算机没有接入互联网，且网络基础设施差、网络运行速度慢、网络运营资费高、习惯利用电子商务获取商机的人少等都制约着我国电子商务的发展。但我国的电子商务发展势头强劲，尤其是近几年更是取得了巨大进步，各种电子商务咨询和交易平台如雨后春笋般涌现。在一些发达国家，电子商务的迅速发展推动了商业、贸易、营销、金融、广告、教育等社会经济领域的创新，给世界各国企业带来了许多新机会。国内现在的趋势是从政府到企业再到普通消费者，越来越清楚地认识到电子商务的发展前景和巨大潜力，政府也积极推动电子商务的发展。

## （三）电子商务具有巨大的发展空间

### 1. 市场规模不断扩大

据统计，现如今我国已有的电子商务网站涉及银行、金融、服装、百货、教育、广告等社会主要经济领域。我国电子商务交易总额从 2008 年的 3.14 万亿元增长到 2020 年的 37.21 万亿元，未来还将持续增长。

### 2. 用户规模持续增长

根据中国互联网络信息中心的统计，截至 2020 年底，我国网民规模已达 9.89 亿，我国成为全球互联网用户第一大国。我国在电子商务的发展方面还有巨大的潜力，同时也存在着不尽如人意的地方。

# 第三节　电子商务时代国际贸易的发展

## 一、国际贸易电子商务的概念

国际贸易电子商务是指企业利用电子商务的各种手段从事国际贸易活动，它所体现的是现代信息网络技术所带来的国际贸易过程的电子化。

在传统的国际贸易活动中，每一笔交易涉及的主体一般包括买方、卖方、银行、运输、税务、海关、商检等部门，环节众多，业务运作过程十分复杂，效率低，周期长，不能适应全球经济一体化进程中国际贸易业务快速发展的需要。国际贸易电子商务利用现代通信技术、计算机技术和网络技术，将参与贸易的各方用网络连接在一起，以电子数据传输方式完成从建立贸易关系、商业谈判、电子合同签订到租船、订舱、报关、报验、申请许可证和配额、货款结算的全部交易过程，减少了中间环节，提高了交易效率，降低了交易成本。国际贸易电子商务从诞生之日起，就以其显著的功能优势、巨大的社会经济效益和对全球经济一体化的推动作用，表现出强大的生命力，并正在改变着传统的国际贸易经营思想、经营模式和管理方式。国际贸易电子商务成为 21 世纪国际贸易的主要发展方向和各国竞争的焦点。

## 二、电子商务在国际贸易中的主要应用

电子商务通过互联网将国际贸易涉及的各方连成一体，把其中部分或全部的业务处理过程转移到网上。电子商务在国际贸易中的应用主要有以下几方面：

### （一）网上寻找合适的贸易伙伴

寻找贸易伙伴是开展国际贸易活动的前提。企业可以通过建立自己的网站或借助有关国际贸易电子商务平台向全球范围内的潜在客户提供有关产品和服务的供求信息，吸引客户开展贸易活动。另外，企业可以主动上网搜索各种经贸信息，寻找理想的贸易伙伴。利用电子商务物色贸易伙伴，既可以节省大量的人力、物力的投入，而且不受时间、地点的限制，进出口企业足不出户就可以找到合适的贸易伙伴。

### （二）网上进行贸易咨询、洽谈

咨询、洽谈是每一笔国际贸易业务的必经程序，也是交易成功的关键环节。买卖双方可借助互联网非实时的电子邮件和实时的讨论组等来了解市场和商品信息、洽谈交易事务，还可用网上的白板会议来交流即时的图形信息。网上咨询和洽谈能打破人们面对面洽谈的限制，提供多种方便的异地交谈形式。互联网具有便捷、低成本的通信功能，具有高效、大容量的信息处理能力，在国际商务的咨询、洽谈活动中可以发挥十分重要的作用。

### （三）网上订购和网上支付

网上订购通常都是通过在产品介绍的页面上提供的十分友好的订购提示信息和订购单来完成的。当客户填完订购单后，系统通常会回复确认信息单来保证订购信息的准确性，订购信息采用加密的方式来传送，使客户和商家的商业信息不会被泄漏。在网上直接采用电子支付手段可节省交易中很多人员的开销。随着网络安全技术的不断发展，网上支付将需要更多可靠的信息传输安全控制手段以防止欺骗、窃听、冒用等非法行为，网上支付在国际贸易中的优势将会表现得更加显著。

### （四）网上交易管理

国际贸易交易管理包括有关市场法规完善、税务征管、报关、交易纠纷仲裁等多个环节，涉及政府的多个职能部门以及金融、保险、运输等众多公共服务机构。电子商务使国际贸易的交易管理做到无纸化、网络化，进出口企业可直接通过互联网办理与银行、保险、税务、运输等各方面有关的电子票据和电子单证，完成部分或全部的结算以及索赔等工作，大大节省了交易过程中的时间和费用。

## 三、外贸电子商务的流程

外贸电子商务是指企业通过电子商务的各种手段所从事的国际贸易活动，也可称为国际电子商务。它的实质是现代信息技术所带来的国际贸易过程的电子化。它采用电子数据交换（EDI）、电子公告牌（BBS）、电子邮件、电子转账、安全认证等多种技术方式，以保证国际贸易过程的电子化。外贸电子商务较一般的电子商务要复杂一些，涉及的业务环节也要多一些，多出的这部分业务环节是由国际贸易的特殊性和经贸双方国家的要求所决定的。这部分业务范围主要包括进出口管理、海关、商检/安检、金融、保险和国际运输等。

外贸电子商务通过网络进行，网络贸易主要涉及三个方面：信息、电子数据交换和电子资金转移。其交易可分为三个步骤。

第一步：在交易前，做好交易前期准备工作。先在互联网上发布信息，寻找交易机会，通过交换信息比较和选择交易对象，然后经过发盘、还盘等确定交易条件和价格，并签订贸易合同。

第二步：在交易中，严格按照合同规定履行各种业务手续。合同签订后的贸易交易实现过程涉及银行、商检／安检、税务、保险和运输等方面的电子交换，一定要一丝不苟。

第三步：在交易后，双方办完各种手续，商品交付运输公司启运后，可以通过电子商务跟踪货物，银行根据合同规定提供的单证支付资金等。

很显然，外贸电子商务整个贸易的过程都实现了电子化。企业的外贸电子商务从低级迈向高级要经历以下四个发展阶段。

第一阶段：收发电子邮件。企业通过网络传递和交换各种商务信息，实现企业内部信息与设备共享。

第二阶段：建立网页。企业在专业信息网上建立网页，将自己的各种信息展示出来，不再是向每个个体发送电子邮件。与此同时，企业内部的工作流程和业务流程逐步实现自动化，企业内部网也随之建立，实现企业内部信息的发布与交流。

第三阶段：企业内部网与外部网连接贯通，工作流程不仅面向企业内部，也面向不同的外部企业。这个阶段更多的动态信息出现在网上，信息在网上互动交流，从而与外部建立快速的沟通渠道。

第四阶段：网络贸易应用阶段。将网络与贸易相关部门有效连接，实现网上电子数据交换，最终将传统贸易活动通过计算机网络加以实现。网络不仅被用来发布信息，实现在线交易，而且实行贸易过程的网上管理。

下面以单个买方企业与单个卖方企业之间的一个完整的贸易过程为例，展示在该过程中信息流、物流和资金流的流转轨迹。

## （一）谈判阶段

在买方与卖方之间：

买方向能够提供该产品的公司发询价单，询问有关商品的信息；

卖方在收到询价单后向买方发报价单，列出商品的规格、价格等；

买方在收到报价单后若不满意，可按自己的意愿进行还盘，开始新一轮谈判；

在双方对条件都满意后，买方按所达成的条款向卖方发电子订单；

卖方在接到电子订单后，向买方发销售合同，合同内容与订单相符；

至此，买卖双方达成贸易协定，卖方开始安排有关运输的事宜。

在贸易公司与运输代理之间：

贸易公司首先向运输代理发送运输询价单，咨询运输商品的有关事宜；

运输代理在接到运输询价单后，向卖方发运输确认单（运输报价单），告知有关事宜；

贸易公司在收到报价单后，若不满意，可按自己所需再次制作运输询价单，开始新一轮谈判；

在双方条件都满意后，由贸易公司向运输代理发货运委托书；

运输代理在接到贸易公司的货运委托书后，向贸易公司发运输合同单，至此买卖双方达成运输协定。

## （二）报关阶段

运输代理向海关提交一份报关单；

海关在收到运输代理的报关单后，若允许商品出口则向运输代理发一份海关应答单；

运输代理在收到海关应答单后，向海关发一份仓单，说明所装商品情况；

海关收到仓单，若允许商品进入，则向运输代理发海关运输报告。

## （三）运输阶段

卖方向运输代理发出运输指示单，同时给予运输代理出库码头授权；

运输代理在收到运输指示单后，向买方发到货通知，要求给予进入仓库码头的授权；

运输代理在得到双方的委托权后，进行运输；

在运输完毕后，买卖双方取消运输代理对各自码头的运输权限。

所有交易均通过在线支付方式进行，商品运输可以通过运输代理来完成。供应商将商品发送给运输代理，即完成了网上交易的全过程。这样可以将网上虚拟交易和商品实物运输区分开来，以保证网上交易的信任度。

## （四）付款阶段

（1）付款方向银行申请开立信用证，列出作为付款条件所必需的商业票据，其中应包含一切相关单据，否则款项将无条件转入受益方账户；

（2）银行在收到付款指示单后，向收款方发到款通知书，其中列出付款所必需的信用证相关单据、到款通知单、商业票据，告知收款方，银行见单付款；

（3）收款方在收到到款通知书后，应将信用证所要求的单据备齐，并且在单据的相应部分注明信用证号，发送银行；

（4）银行将单据备齐，将相应的单据发送给付款方，将款项从付款方账号转到收款方账号，并且自动进行记录。

至此，一个完整的贸易过程就完成了。在此过程中，贸易伙伴之间通过电子单证进行商业活动，资金是以电子货币形式存在的。

## 四、电子商务对国际贸易的影响

国际贸易电子商务作为一种新型的国际贸易方式，其不断发展和完善对国际贸易发展产生了广泛而深远的影响。电子商务对国际贸易所产生的影响主要有以下几点。

### （一）催生了国际化大市场

互联网已经覆盖了200多个国家和地区，连接的网络已达几十万个，终端用户每年以30%的速度递增，这就给国际贸易开辟了一个崭新的网络市场空间。以互联网为纽带连接统一的大市场，为进出口企业展现了一个巨大的世界市场。对于从事国际贸易的企业而言，互联网为世界范围内的进出口企业提供了直线联系，增加了贸易机会，使企业获得规模经济效益。

### （二）更新了国际贸易交易手段

网上订货、网上促销、网上谈判、跨国公司内部网络销售都为国际贸易开辟了新的交易手段。电子商务将订单、发票、提货单、海关申报单、进出口许可证等日常往来需要的贸易单证，按一定的数据格式生成电子报文通过网络进行传送，使商业报文能在世界各地瞬间完成传递与计算机自动处理。网上定向信息的发布部分代替了报纸等日常新闻媒介中的广告宣传，促销活动也通过网上市场和虚拟洽谈等方式进行，电子传输减少甚至淘汰了传真、信函等传统的信息交换工具。电子货币代替纸质货币，网上信用证结算、转账引发了国际贸易付款方式的巨大变革。计算机软件、电子书刊、电子音像制品等无形产品的直接贸易通过计算机网络完成，成为全新的国际贸易交货方式。电子商务时代的到来，使服务于国际贸易的一些交易手段在不知不觉间变得更便利、更快捷了。

### （三）降低了国际贸易成本

在传统的国际贸易交易中，花费的成本主要指买卖过程中所需要的信息搜寻、合同订立和履行、售后服务等方面的成本。国际贸易的单证数量多，处理费用高。有调查显示，在传统的国际贸易中，一笔进出口业务要处理交易相关机构的单据有 200～350 份，业务流程甚至长达数月，而其中纸张、行文、打印及差错的总开销约为货值的 7%。据统计，按传统方式制单所造成的延误，出货受限占 6%，收账缓慢占 35%，过量存货占 18%，生意损失占 17%。因此，纸面文件成了阻碍贸易发展的一个突出因素。在国际贸易电子商务中，进出口企业利用电子方式进行洽谈、合同签订、报关、商检、保险、结汇等工作，实行"无纸化贸易"，一方面可减少 90% 的文件处理费用，另一方面也缩短了文件处理周期与交易时间，减少重复的数据录入及由此产生的出错概率，从而大大降低了交易成本。

传统企业开展国际贸易业务都必须拥有相应的基础设施，如办公用房、仓储设施、产品展示厅、销售店铺等。而利用电子商务开展国际贸易，在基础设施这方面的投入显然要小很多。例如，美国亚马逊网上书店与传统的实物书店相比，没有豪华的办公楼、宽敞的营业大厅，除了少量的畅销书有部分库存外，其他绝大多数的图书品种都是在接到客户的订单后再向各出版社订购的，几乎不占库存。亚马逊网上书店提供近 300 万种多种语言版本的图书，并且销往全球 160 多个国家和地区，拥有 3 400 万客户。而对于信息产品而言，如报纸、杂志的电子版，计算机软件及信息咨询的提供等，产品本身可以实现在线交付，整个销售环节，从开发、订货、付款到产品的交付都可以在网上实现，贸易成本的降低更为明显。

### （四）全天候业务运作，增加商机

由于世界各地存在时差，进行国际商务谈判就相当不便，对企业来讲，在传统的条件下，提供每周 7 天、每天 24 小时的客户服务往往感到力不从心。而基于互联网的电子商务则可做到 24 小时全球运作。电子商务全天候、不间断运作可使全球范围内的客户随时得到其所需的信息，为出口企业带来了更多的订单，并且可大大提高交易的成功率。网上业务可以开展到传统营销人员销售和广告促销所达不到的市场范围。

### （五）减少贸易壁垒，增加贸易机会

互联网是全球性的计算机网络，在互联网上从事国际贸易，消除了宗教信

仰的限制，也没有了种族歧视，淡化了企业规模和经济实力的差别，彻底打破了地域的界限，对减少国际贸易中的有形和无形壁垒有着积极的意义。现在世界上许多国家极力主张以电子商务方式达成国际贸易以免征关税，不但有力地推动了国际贸易的发展，促进了国际贸易业务量的迅速提高，也促进了世界范围内的电子商务的发展，使全球经济一体化的进程更快地向前推进。

### （六）经营主体发生了重大的变化

在传统的国际贸易模式中，由于时间与空间的限制，收集信息的成本较高，所以一般是由进出口企业作为国家之间商品买卖的媒介，专业的进出口企业在国际贸易中占有十分重要的地位。而在国际贸易电子商务中，由于互联网低廉的接入成本，生产者与消费者之间可通过网络直接接触，原来不能直接涉足国际贸易的中小企业都可借助互联网直接参与国际贸易，从而引发了国际贸易经营主体结构的革命。在国际贸易电子商务中，传统的贸易中间商、代理商和专业进出口企业的地位相对降低，而专门化的信息收集、分析、处理和提供咨询服务的企业却应运而生，同时也催生了新型的中间商——电子商务运营商，专门为国际贸易电子商务构筑贸易平台。另外，随着电子商务的发展而逐渐形成的网上虚拟市场，也带动了新的企业形式——虚拟企业的产生和发展。这种企业在网上登记、注册，没有具体的办公场所，但他们利用电子商务的模式从事国际商品和服务贸易，在国际贸易电子商务中发挥着越来越重要的作用。由于信息流在国际贸易供应链中逐渐占据主导地位，利用现代化信息沟通技术将在各自的专业领域拥有卓越技术的单个企业编成一个网络，组成一个"虚拟组织"，可以更加有效地向市场提供商品和服务，消除了传统贸易活动中的时空限制，促进了国际贸易的深入发展。

### （七）政策及监管方式发生变化

世界贸易组织于 1998 年 5 月在日内瓦召开了为期三天的电子商务会议，达成一项至少在一年内对通过互联网销售的软件和货物免征关税的协议。世界贸易组织的这项政策只适用于完全国际贸易电子商务，而不适用于不完全国际贸易电子商务。这项政策可能会给在线旅游和数据业务等这些涉及信息或无形货物交易的国际贸易电子商务行业带来好处。该协议的达成也将对永久性禁止征收国际贸易电子商务关税产生推动作用。但这一协议只是国际贸易电子商务发展过程中的一项政策，目前，还有一系列国际贸易政策命题有待解决，如电子商务基本属性的界定问题、安全性问题、关税问题、发展中国家问题等。

电子商务交易的无形化、网络化必将促使各国政府对国际贸易的监管方式进行创新，特别是在关税征收、海关监管、进出口检验等方面必须尽快适应国际贸易电子商务的发展需要。对我国政府来说，一方面要积极与世界各国合作，共同推进电子商务在国际贸易中的发展；另一方面要在国际贸易的管理上加强对于电子商务的应用，如出口商品配额的发放、电子报关、进出口商品检验等，尽快与国际接轨，使政府在推动电子商务的发展方面成为主导力量。

### （八）对参与国际贸易提出了新的要求

目前，就国际贸易来讲，以美国为首的西方发达国家正加快电子商务普及的步伐，其他国家也纷纷跟进，这样才可能占据较多的国际市场份额，否则可能会失去跨国公司订单，丧失国际贸易机会。例如，美国通用汽车公司准备将所有的销售业务通过网络实现，在一些电子商务欠发达的非洲国家，美国通用汽车公司甚至不惜关闭那里的生产厂家。不少外国企业对自己的在线和非在线客户采取了区别对待的策略，对在线业务优先处理，给予特别优惠，迫使没有上网的业务尽快上网。总之，电子商务已成为企业进入国际市场的通行证。

## 五、我国电子商务的应用前景

### （一）应用设施的建设

我国近几年来加大了对网络基础设施建设的投入。2016 年 5 月，北京、上海、深圳等地开始了与国际网络接口相连接的大幅提速计划，网络宽带速度由 2 兆提升到 8 兆，部分地区可实现 100 兆。在移动信息网络方面，北京、广州、上海、杭州、深圳同时推出了商用试验网，任何移动通信设备都可在这五座城市使用无线上网业务，该业务将促进地区的电子商务应用，人们在这五座城市的中央商务区地段可以随时任意地接入网络处理业务。

### （二）人才的储备

我国的网络通信系统人才储备丰富，大部分中专和本科院校内都设有相关专业，且人才梯度分明，涉及领域广泛，在网页设计、程序运行、软件开发、安全通信等方面都有突出的特点和优势。创新能力是我国网络通信系统人才最缺乏的核心竞争力，我国电子商务的平台和程序应用大多是模仿美国的电子商务模式，虽然非常成功，但很多核心领域和专利项都受制于发达国家。所以说，虽然网络通信系统人才对于我国当前的电子商务应用来讲是足够的，但立足长远发展来看，创新将是人才培养和储备的主要目标。

# 六、我国电子商务的发展趋势

## （一）纵深化趋势

电子商务的基础设施将日益完善，支撑环境逐步趋向规范，企业发展电子商务的深度进一步拓展，个人参与电子商务的深度也将得到拓展。图像通信网、多媒体通信网将建成使用，"三网合一"潮流势不可挡，高速宽带互联网将扮演越来越重要的角色，制约我国电子商务发展的网络瓶颈有望逐步得到解决。我国电子商务的发展将具备良好的网络平台和运行环境，电子商务的支撑环境逐步趋向规范和完善，个人对电子商务的应用将从目前点对点的直线方式发展成为多点的智能式。

## （二）个性化趋势

个性化定制信息需求将会强劲，个性化商品的深度参与成为必然。互联网的出现、发展和普及本身就是对传统秩序型经济社会组织中个人的一种解放，使个性的张扬和创造力的发挥有了一个更加有利的平台，也使消费者主动权的实现有了更有效的技术基础。在这方面，个性化定制信息需求和个性化商品需求将成为发展方向，消费者把个人的偏好加入商品的设计和制造过程中。对所有面向个人消费者的电子商务活动来说，提供多样化的、比传统商业更具有个性化的服务，是今后取得成功的关键因素。

## （三）专业化趋势

面向消费者的垂直型网站和专业化网站的发展前景广阔，面向行业的专业电子商务平台发展潜力大。一是面向个人消费者的专业化趋势。要满足消费者个性化的要求，提供专业化的产品线和专业水准的服务至关重要。在今后若干年内，我国的上网人群仍将是以中高收入水平的人群为主，他们购买力强，受教育程度高，消费个性化需求比较强烈。所以相对而言，提供一条龙服务的垂直型网站及某类产品和服务的专业网站发展潜力更大。二是面向企业客户的专业化趋势。对于 B2B 电子商务模式来说，以行业为依托的专业电子商务平台的发展前景良好。

## （四）国际化趋势

中国电子商务必然走向世界，同时也面临着世界电子商务强国的严峻挑战。互联网最大的优势之一就是超越时间、空间的限制，能够有效地打破国家和地区之间各种有形和无形的障碍,这对促进每个国家和地区对外经济、技术、资金、信息等的交流将起到革命性的作用,电子商务将有力地刺激国际贸易的发展。因此,我国电子商务企业将随着国际电子商务环境的规范和完善逐步走向世界。我国企业可以由此同发达国家真正站在一个起跑线上,将我国在市场经济轨道上的后发劣势转变为后发优势。电子商务的发展对我国的中小企业开拓国际市场、利用国外各种资源是一个千载难逢的机会。同时,国外电子商务企业也将努力开拓中国市场。在我国加入世界贸易组织之后,这方面的障碍正逐步得到消除。

## (五)区域化优势

立足本国国情,采取有重点的区域化战略是有效扩大网上营销规模和提高效益的必然途径。我国电子商务的区域化优势与国际化优势并不矛盾。区域化优势是就我国独特的国情而言的。我国是一个人口众多、幅员辽阔的大国,社会群体在收入、观念、文化水平等很多方面都有不同的特点。我国虽然在总体上仍然是一个收入比较低的发展中国家,但地区经济发展的不平衡所反映出来的经济发展的阶段性、收入结构的层次性十分明显。在今后可以预见的相当长的时间内,互联网用户仍将以大城市、中等城市和沿海经济发达地区的人口为主,B2B 的电子商务模式区域性特征明显。以这种模式为主的电子商务企业在资源规划、配送体系建设、市场推广等方面都必须充分考虑这一现实,采取有重点的区域化战略,才能最有效地扩大网上营销的规模和效益。

## (六)融合化趋势

电子商务网站在最初的全面发展后会走向新的融合。一是同类网站之间的合并。目前大量的网站属于重复建设,定位相同或相近,业务内容相似,激烈竞争的结果只能是少数企业最终胜出,处于弱势状态的企业最终免不了关门的结果。二是同类别网站之间互补性的兼并。那些处于领先地位的电子商务企业在资源、品牌、客户规模等方面虽然有很大优势,但这毕竟是相对而言的,与国外著名电子商务企业相比还有很大差距。这些具备良好基础和发展前景的网站在扩张的过程中必然采取收购策略,主要的模式是互补性收购。三是战略联盟。由于个性化、专业化是电子商务发展的两大趋势,每个网站在资源方面总是有限的,客户需求又是全方位的,所以不同类型的网站以战略联盟的形式互相协作成为必然。

# 第四节　电子商务时代现代物流的发展

## 一、电子商务与物流的关系

### （一）物流对电子商务的作用

1. 物流是电子商务的重要组成部分

电子商务是集信息流、商流、资金流以及物流于一体的贸易过程。物流作为电子商务必不可少的环节，通过对物品的储运、包装、运输、配送、装卸、检验来实现。由于物流环节是直接服务于最终客户的，那么物流服务水平在某种程度上决定了客户的满意度，同时也决定了电子商务的实现。因此，物流成为电子商务不可缺少的一部分。

2. 物流是电子商务的重要保证

一方面，在当今电子商务高速发展的态势下，商品所有权的转移与商品实物的转移相匹配，成为电子商务发展的重中之重。匹配度高有利于提高客户体验，使物流服务于商流，从而促进电子商务的实现；另一方面，商品的生产与加工都离不开原材料和半成品的运输，而原材料与半成品的运输都需要依靠物流来实现，也就是我们所说的物流保障生产，从而进一步促进电子商务的实现。

### （二）电子商务对物流的影响

1. 促进物流企业地位提高

在电子商务环境下，物流企业承担了更加重要的任务，其一方面为生产企业储存货物，另一方面又为消费者提供商品实物。随着商店、银行的虚拟化，商务事务处理的信息化，生产企业的柔性化，可以说，在整个市场上，物流企业成了区域市场供应的唯一主体，从而提高了物流企业的地位，为物流提供了前所未有的发展前景。

2. 促进物流企业快速发展

随着电子商务的发展，信息流、商流、资金流逐步趋向电子化，但由于物流的实物特性，难以与其他三个环节相适应，这就导致了电子商务整体的脱节。

为了弥补这种不足，物流也应该向信息化、自动化、网络化、智能化、柔性化、多功能化、高质量化方向发展，从而实现电子商务整体的高速发展。

## 二、电子商务条件下的物流管理

### （一）优化物流系统网络

物流要解决的并不只是简单的送货和库存问题，它所要达到的目标也不是简单的送货、库存，建立一个完备的物流系统才是物流经营者真正应该考虑的问题。

建立完备的物流系统，首先，应该明确电子商务的销售目标；其次，要确定物流配送的服务目标和成本目标（可用一些指标来衡量，如送货频率、反应时间、订货满足率、配送成本等）；再次，要对可用的物流配送资源进行评估，决定物流配送的运作流程；最后，决定采用哪一种方式构造物流配送系统（委托第三方、自己承担、与其他企业合作），从而完成物流配送资源（送货车辆及仓库资源等）配置、物流配送运作系统设计以及物流配送系统的管理制度设计。

### （二）发挥物流在电子商务中的作用

电子商务企业要想实现较好的发展，需要将自己核心业务以外的业务外包出去，从而达到聚拢资金、大力发展核心业务的目的。物流企业则应积极地为合作企业制订出适合的业务流程，赢得投资机会，从而使双方达成长期稳定的合作关系，谋求双赢。

### （三）建立符合电子商务要求的物流信息系统

作为电子商务的重要环节，物流行业的发展极为关键，建立适合电子商务需要的物流信息系统也显得尤为重要。物流信息系统的建设趋于透明化也成为物流信息系统的发展方向。这有利于消费者了解商品的具体情况，使消费者消除顾虑，从而刺激订货，实现电子商务与物流的共同发展。

## 三、电子商务物流发展现状

### （一）国家政策支持

随着电子商务行业的快速发展，我国对电子商务物流的重视程度也逐渐提高，国务院与商务部等相关部委近年来密集出台有关鼓励与规范电子商务物流行业发展的政策法规，为我国电子商务物流的发展提供政策性的支持与指引。

2014年，国务院印发的《物流业发展中长期规划（2014—2020年）》中提到，为适应电子商务快速发展的需求，编制了全国电子商务物流发展规划，结合国家对电子商务示范城市、示范基地、物流园区、商业设施等的建设，整合配送资源，构建电子商务物流服务平台和配送网络，建成一批区域性仓储配送基地，吸引制造商、电商、快递和零担物流公司、第三方服务公司入驻，提高物流配送效率和专业化服务水平，探索利用高铁资源，发展高铁运输，结合推进跨境贸易电子商务试点，完善一批快递转运中心。

2015年，由交通运输部会同农业部、供销合作总社、邮政局联合印发的《关于协同推进农村物流健康发展加快服务农业现代化的若干意见》中提到，我国应积极推广农村电子商务，支持电子商务、物流、金融与商贸等企业参与到涉农电子商务平台的建设中。该政策同时鼓励农村物流企业提升信息化水平，引入O2O服务模式，积极对接电子商务。

2015年10月26日，国务院发布《关于促进快递业发展的若干意见》，引导快递企业与电子商务企业深度合作，促进线上与线下互动创新，共同发展体验经济、社区经济、逆向物流等便民利商新业态。同时鼓励快递企业积极参与涉农电子商务平台建设，构建农产品快递网络以及服务产地直销、订单生产等农业生产新模式。

2016年3月17日，为加快电子商务物流发展，提升电子商务水平，降低物流成本，提高流通效率，根据国务院《物流业发展中长期规划（2014—2020年）》，商务部等六部门印发了《全国电子商务物流发展专项规划（2016—2020年）》，其中一项基本原则为"市场主导，政府推动"，即加强政府在法律规范、规划引导、政策促进等方面的作用，着力解决体制机制、发展环境等方面存在的问题，促进电子商务物流行业健康发展。

伴随政策措施的落地实施，我国的物流基础设施得到了较大改善，物流服务质量得到了大幅提升，为促进社会经济的发展提供了重要的支撑与保障。电子商务物流是电子商务价值实现的重要环节，是国民经济的基础性、先导性产业，其发展推动着服务业转型升级，国家政策的扶持将释放出新业态的潜力。这一系列的国家政策效应将继续显现，"一带一路"倡议的实施将成为物流发展的新动力，"互联网+"将进一步加快物流转型升级。

## （二）电子商务物流需求强劲

2015年5月，由中国物流与采购联合会发布的《中国物流发展报告（2014—2015）》显示，我国的物流需求近年来有所放缓，而电子商务企业在物流需求方面仍迅速发展。以服务电子商务为主的快递业保持着快速的增长趋势，国家邮政局统计数据显示，我国快递业务量的增幅最近几年一直持续超过 50% 的增长势头，全国 80% 的快递业务来自电子商务企业。电子商务的兴盛带动着电子商务物流的迅猛发展。

目前，我国电子商务物流的主要模式包括 B2B 市场和网络零售市场两大部分。中国电子商务研究中心发布的《2015 年度中国电子商务市场数据监测报告》显示，2015 年上半年，我国电子商务交易额达 7.63 万亿元，同比增长 30.4%。其中，B2B 市场交易额达 5.8 万亿元，同比增长 28.8%。网络零售市场交易规模达 1.61 万亿元，同比增长 48.7%。从市场增速来看，我国电子商务已经进入成熟期，在市场结构上，B2B 市场仍占据主导地位，而网络零售占比持续扩大，B2B 服务商不断探索多元化的盈利模式，从而推动电子商务整体交易规模的稳定增长。网络零售市场的持续升温将行业带入兼并整合期，巨头企业通过收购、兼并等资本投资的方式迅速渗透进新市场、新业务领域，同时不断拓展新的业务线。由此可推测，在 B2B 与网络零售两大市场中，电子商务物流的需求将呈现快速增长的趋势。

快递业作为电子商务提供物流服务的产业，二者的密切合作形成的电子商务物流推动着快递企业的飞速发展。中国电子商务研究中心的监测数据显示，2015 年快递业务量完成 206 亿件，同比增长 48%，快递业务收入达 2 760 亿元，同比增长 35%。其中农村地区收件量超过 50 亿件，带动农副产品进城和工业品下乡超过 3 000 亿元，国际小包和国际 e 邮宝出口近 7 亿件，同比增长 70%。全国农村地区直接通邮率达到 94%，乡镇快递服务营业网点覆盖率提升至 70%，主要城市安装智能快递箱逾 6 万组。快递行业的快速发展标志着我国电子商务物流需求的激增，电子商务物流的强劲需求促进快递业的持续优化升级。

市场对于电子商务物流的需求不断增加，无论是快递业务的快速增长还是网络交易量的持续爆发，都显现出了电子商务物流市场的蓬勃生命力。

### （三）电子商务物流基础设施不断扩大

随着物流行业的快速发展，我国电子商务物流基础设施的建设也在不断扩大。在第十二届全国人民代表大会和中国人民政治协商会议上，多位代表呼吁加快电子商务流通，打造物流基础设施，借电子商务大发展之机，大力发展物流流通体系基础设施建设，打通大数据物流信息平台。

2015 年，中国物流与采购联合会与中国物流学会发布的《第四次全国物流园区（基地）调查报告》显示，2015 年我国包括运营、在建和规划的各类物流园区共计 1 210 家，比 2006 年的 207 家增长 484%；与 2008 年的 475 家相比，增长 155%；与 2012 年的 754 家相比，增长 60%。全国 1 210 家物流园区中，运营的有 857 家，占 71%；在建的有 240 家，占 20%；规划的有 113 家，占 9%。与前两次全国物流园区调查数据相比，本次处于运营状态的物流园区数量大幅上升，由 2012 年的 348 家上升至 2015 年的 857 家。近年来，国家有关部门出台了一系列关于交通节点、物流节点、电子商务城市试点、自贸区等影响城市发展的规划，而各级地方政府根据国家规划积极行动，分别制订了一批符合当地发展要求的实施计划。这些规划和政策将推动我国物流园区的开发和建设。

目前，国内各大电子商务企业也正在大力建设企业内部的物流基础设施。截至 2015 年 8 月，苏宁物流已拥有 452 万平方米仓储面积，8 个全国航空枢纽、49 个区域物流中心，2015 年年底在我国（除港、澳、台、新疆、西藏、青海地区）90% 以上地区实现次日达。未来苏宁物流将成为菜鸟网络的合作伙伴，合作后的物流几乎覆盖全国 2 800 个区县，服务阿里巴巴集团和苏宁集团，未来也有望向第三方开放。在网络下沉方面，全国 2 950 个区县，苏宁物流覆盖 2 651 个，覆盖率达到 90%。

京东集团全资组建物流公司，开始全面布局全国的物流体系。中国电子商务研究中心监测数据显示，截至 2015 年 9 月 30 日，京东集团在全国范围内已建立了 7 大物流中心，在 46 座城市中运营了 196 个大型仓库，拥有 4 760 个配送站以及自提点，覆盖了全国 2 266 个区县，以上全部为京东集团的自营物流。2015 年"双 11"过后，京东物流进入经济共享时代，开放其物流体系为平台商户提供配送管理与仓储运输等服务，分摊仓储物流成本。

随着我国电子商务物流基础设施的不断发展，各大运营商积极共享自身物流资源，推动电子商务物流的快速发展，促进物流服务水平的提高，行业环境和条件不断改善，并且在调整经济结构、转变发展方式、推动国民经济又好又快发展中发挥重要的作用。

## （四）电子商务物流主体呈现多元化

随着电子商务发展规模的迅速扩大，物流仓储和配送需求呈现高速增长态势。电子商务物流主体呈现多元化发展，有第三方物流、电子商务企业自营物流、资源整合的众包物流以及平台化物流多种组织模式。

专业化的第三方物流是如今电子商务物流的主体形式。电子商务企业在实现内部资源集中化、物流管理费用最低化的同时提高企业的核心竞争力，选择将物流业务以合同的方式委托给专业的第三方物流公司运作。受委托的第三方物流公司基于供应链的纵向一体化为电子商务企业提供系统的组织、规划与管理，企业生产、供应以及销售物流的一站式服务。同时，基于供应链的横向一体化，第三方物流公司将市场中的物流资源整合起来并进行合理优化利用，为电子商务企业节约成本做出较大贡献。最主要的是，第三方物流公司作为电子商务企业长期合作的战略性合作伙伴，相互间形成双赢的契约关系。

自营形式的电子商务物流主体主要表现为，电子商务企业通过成立物流部门或组建子公司来承担企业所需的所有物流活动。自营物流要求电子商务企业合理规划从上游供应商到下游客户的供应链物流系统，集成供应链各节点的物流资源和物流作业，实现物流的一体化管理，从而缩短提前期、降低物流成本、提高服务质量、增强电子商务企业的盈利与竞争能力，达到企业总成本和总效用最大化的目的。依据规模经济的原理，只有电子商务企业自营的物流规模足够大、集约化程度足够高、业务营运足够经济，才能够达到降低成本的总目标。

在互联网时代下，电子商务物流主体衍生出基于大数据背景的平台化物流。平台化物流运营重点并非物流业务而是搭建信息化平台，实现互联网与电子商务物流的跨界整合。平台化物流的服务对象主要为电子商务企业、物流公司、仓储企业、第三方物流服务商、供应链服务商等各类企业，而信息化平台能够通过"天网"与"地网"相结合的方式有效地降低快递成本、提高快递时效，使平台上的成员实现共赢。

物流众包模式是近年来崛起的新型电子商务物流主体。在懒人经济盛行的背景下，物流众包模式利用大众可自由支配的碎片化时间进行物流活动，从而实现资源的最大化利用。"互联网＋电子商务物流"被许多电子商务企业纳入自己的物流板块，物流众包瞄准了物流配送最后一公里的难题，利用社会闲置资源，低成本、高效率地解决了城市配送的瓶颈问题。众筹众包的新理念已经得到社会的认可，物流众包也将成为电子商务物流的重要发展方向之一。

随着国民经济全面转型升级和互联网、物联网的发展，电子商务物流基础设施得到进一步完善，同时电子商务物流的需求保持着快速增长，企业主体多元化发展，经营模式不断创新以及服务能力显著提升，如今电子商务物流已经成为现代物流业的重要组成部分和推动国民经济发展的新动力。

## 四、电子商务物流模式

电子商务是在开放的网络环境下，实现消费者的网上购物、企业之间的网上交易和在线电子支付的一种新型的交易方式。电子商务的快速发展使物流模式正一步步发生着变化。一个国家物流业的发展水平在一定程度上反映了该国的综合国力和企业的市场竞争力，物流一体化的方向和专业化的第三方物流的发展已成为目前世界各国和大型跨国公司所关注、探讨和实践的热点。

### （一）物流一体化的含义

物流一体化就是以物流系统为核心的由生产企业经由物流企业、销售企业，直至消费者的供应链的整体化和系统化。它是物流业发展的高级和成熟阶段，代表物流业发达、物流系统完善，物流业成为社会生产链条上的领导者和协调者，能够为社会提供全方位的物流服务。

物流一体化的发展可进一步分为三个层次：物流自身一体化、微观物流一体化和宏观物流一体化。物流自身一体化是指物流系统的观念逐渐确立，运输、仓储和其他物流要素趋向完备，子系统协调运作，系统化发展。微观物流一体化是指，作为市场主体的企业将物流提高到企业战略地位上，并且出现了以物流战略合作为纽带的企业联盟。宏观物流一体化是指物流业发展到一定的水平，物流业占一国国民生产总值的一定比例，处于社会经济生活的主导地位，使跨国公司从内部职能专业化和国际分工程度的提高中获得规模经济效益。

### （二）第三方物流的含义与分类

1. 第三方物流的含义

第三方物流简单地说是指由物流的供应方和物流的需求方之外的第三方所进行的物流。第三方物流是指专业化的物流中间人（或称为物流代理人）以签订合同的方式为其委托人提供所有的或某一部分的物流服务。

2. 第三方物流的分类

①按照物流企业完成的物流业务范围的大小和所承担的物流功能，可将物流企业分为综合性物流企业和功能性物流企业。

②按照物流企业是自行完成和承担物流业务，还是委托他人进行操作，可将物流企业分为物流自理企业和物流代理企业。

3. 第三方物流的优势

①集中主业。

②节省费用，减少资本积压。

③减少库存。

④提升企业形象。

4. 第三方物流的特征

①以现代电子信息技术为基础。

②提供合同导向的一系列服务。

③提供专业化、个性化的物流服务。

5. 电子商务与第三方物流

为了适应电子商务的发展，物流企业不进行固定资产的再投资，第三方物流应该采用一种全新的物流模式——物流代理，即物流渠道中专业化物流中间人以签订合同的方式，运用自己成熟的物流管理经验和技术，在一定时期内，为电子商务企业提供高质量的服务，在企业外部建立起最佳的企业物流管理代理模式。

6. 第三方物流与物流一体化

物流一体化是物流产业化的发展形式，它必须以第三方物流充分发展和完善为基础。同时，物流一体化的趋势为第三方物流的发展提供了良好的发展环境和巨大的市场需求。

从物流业的发展来看，第三方物流是在物流一体化的第一个层次开始萌芽的，但是这时只有数量有限的功能性物流企业和物流代理企业。第三方物流在物流一体化的第二个层次得到迅速发展。专业化的功能性物流企业和综合性物流企业以及相应的物流代理企业出现，发展很快。这些企业发展到一定水平，物流一体化就进入了第三个层次。

## （三）新型物流

1. 第四方物流

（1）第四方物流的含义

第四方物流是一个供应链集成商，它调集、管理、组织自己及具有互补性的服务商所提供的资源、能力和技术，以提供一个综合的供应链解决方案。第四方物流不仅控制和管理特定的物流服务，而且对整个物流过程提出方案。

（2）第四方物流的特点

①提供一个综合性的供应链解决方案，以有效地适应多样化和复杂的需求，集中所有资源为客户完美地解决问题。

②通过影响整个供应链来获得价值。

（3）第四方物流的基本功能

①供应链管理功能。

②运输一体化功能。

③供应链再造功能。

（4）第四方物流的应用模式

①知识密集型模式。

②方案定制模式。

③整合模式。

2. 精益物流

（1）精益物流的含义

精益物流指以精益思想为指导，能够全方位实现精益运作的物流活动。精益物流通过消除生产和供应过程中的非增值的内容来缩短备货时间，提高客户满意度。精益物流的提出是和现代经济社会的发展紧密相关的，这是因为物流企业的用户，尤其是制造业、快递业用户和电子商务行业用户，其本身受客户的要求拉动，迅速实现了精益化。根据精益化的原理，这种拉动作用必然会沿着价值的流程一级一级地拉动上去，其深入物流领域是事态发展的必然结果。

（2）精益物流的目标

根据用户需求，提供用户满意的物流服务，同时把提供物流服务过程中的延迟降至最低限度，不断提高物流服务过程的增值效益。

（3）精益物流的基本原则

①从客户的角度而不是从企业或职能部门的角度来研究什么可以产生价值。

②按整个价值流确定供应、生产和配送产品中所有必要的步骤和活动。

③创造无中断、无绕道、无等待、无回流的增值活动流。

④及时创造仅由客户拉动的价值。

⑤不断消除浪费，追求完善。

精益物流是精益思想在物流管理中的应用，是物流发展的必然反映。基于成本和时间的精益物流服务将成为我国物流业发展的驱动力。

3. 绿色物流

（1）绿色物流的含义

绿色物流也称为环保物流，是指为了使客户满意，连接绿色供给主体和绿色需求主体，克服空间和时间阻碍的、有效的、快速的绿色商品和服务流动的绿色经济管理活动过程。

（2）绿色物流发展的原因

环境问题广受关注，物流市场不断拓展。

（3）绿色物流的意义

绿色物流适应了世界发展的潮流，符合全球经济一体化的需求，绿色物流也是物流不断发展壮大的根本保障，是最大限度地降低经营成本的必由之路。

（4）绿色物流的内容

①绿色储存。

②绿色运输。

③绿色包装。

④绿色加工。

⑤绿色信息搜集和管理。

⑥在物流过程中抑制物流对环境造成危害的同时，实现对物流环境的净化，减少资源的消耗，使物流资源得到最充分的利用。

（5）绿色物流与传统商品流通下物流的差异

①具体的功能和内容不同。绿色物流在履行一般商品流通功能的同时，还要实现诸如支持绿色生产、经营绿色产品、促进绿色消费、回收废弃物等以环境保护为目的的特殊功能。

②目标不同。绿色物流的目标在各种经济利益目标之外，加上了"节约资源、保护环境"这一既具有经济属性，又具有人文社会属性的目标。

③物流流程不同。在将来的物流管理中，物流控制的对象包含生产商、批发商、零售商和消费者全体，并且物流流程不再是从上到下，信息流程也不再是从下到上，而是不断循环往复。

## 五、电子商务物流发展趋势

### （一）跨境电子商务物流和农村电子商务物流发展

之前，电子商务物流的发展主要集中在一、二线主要城市，随着我国 GDP 不断上升，人们的消费需求旺盛，各大电子商务企业将目光投向了海外市场与农村市场，主要以各大城市之间的配送为首要业务的电子商务物流逐渐向跨境物流与农村物流延伸。

在国家政策的引导和支持下，我国跨境电子商务保持快速增长势头，年均增速超过30%，是我国进出口贸易增长最快的领域。中国电子商务研究中心的监测数据显示，我国跨境电子商务企业超过20家，平台企业超过5 000家。2015年上半年，我国跨境电子商务交易总额已经突破2万亿元，同比增长42.8%，其中进口占15.2%，出口占84.8%。在跨境电子商务业务量井喷的背后，物流服务是跨境电子商务行业发展的最大支撑力量，各大电子商务企业纷纷对这一领域加大投入力度，提升服务质量，其成本占到总成本的20% ～ 30%。

阿里巴巴集团从2015年开始就借助旗下菜鸟网络开始搭建跨境电子商务物流体系，以支撑天猫国际的海外直购服务，消费者最快可在一天之内收到海淘包裹。菜鸟网络通过与圆通快递合作，已经打通了国内—东北亚（韩国等）的跨境快递通道，国内部分区域已可实现次日到达。此外，菜鸟网络还在俄罗斯、新加坡、芬兰等国与当地合作伙伴进行数据对接，开发适合我国用户的快递产品。

京东集团则采取了与国际第三方大型物流公司合作的方式，其跨境电子商务业务的物流能力已覆盖全球50多个国家和地区。在国内，京东集团还开通了在宁波、杭州、广州的三个保税区的口岸服务，以此解决商家的备货及仓储问题，缩短产品运输时间，满足全球购产品的及时配送。除此之外，1号店、唯品会、聚美优品等电子商务企业也采用自建或合作的方式来解决跨境电子商务物流问题，同时积极与上海、杭州等地的保税区合作，尝试跨境保税模式，以此来确保为用户提供更为稳定的物流服务。

随着近年来"电商下乡""互联网＋农业"等热潮的兴起，农村电商的发展正成为各地政府和电子商务企业谋求新一轮发展和转型的新动力。农村电商作为农村消费和网络消费的融合市场正在持续升温。中国电子商务研究中心的监测数据显示，2014年，我国农村电商销售额已超过1 400亿元，仅在淘宝、天猫平台注册的农村网店数就超过160万个。

物流保障俨然成了农村电商发展的必要条件。对于电子商务企业来说，物流的覆盖是市场拓展的基本保证，更是决胜农村市场的关键。因此，除了区域内的物流企业外，电子商务巨头也开始加入农村物流体系的建设中。

针对农村市场现状，电子商务企业和传统企业纷纷建立起县、乡两级线下运营体系，如苏宁在乡镇一级市场能够实现48小时送达，未来将进一步提升至24小时以内送达。

2016 年 2 月 17 日，国家发展和改革委员会（以下简称"发改委"）与阿里巴巴集团达成结合返乡创业试点发展农村电商战略合作的协议。发改委将推动、引导试点地区先行与阿里巴巴集团农村淘宝项目合作，同时鼓励试点地区开展农村电商服务体系参与人员的培训活动。阿里巴巴集团则对接试点地区，对包括农村淘宝在内的农村电商项目提供落地支持。对于国家级贫困县，将结合当地实际情况辅以重点资源倾斜。

## （二）大型电子商务物流配送中心开始涌现

京东集团计划将为电子商务服务的物流配送中心打造成亚洲范围内 B2C 行业内建筑规模最大、自动化程度最高的现代化运营中心。因此，京东集团将该项目定名为"亚洲一号"。2014 年，京东集团在上海建成第一座"亚洲一号"配送中心，建筑面积接近 10 万平方米，大小相当于 14 个标准足球场的面积。"亚洲一号"的分拣处理能力每小时能达到 1.6 万件。上海"亚洲一号"的仓库管理系统、仓库控制系统、分拣和配送系统等整个信息系统均由京东集团自主开发，其拥有自主知识产权，所有从国外进口的世界先进的自动化设备均由京东集团进行总集成。后期，京东集团计划在北京、成都、武汉等地建设若干个大型"亚洲一号"，形成京东集团的国内仓储配送的一级节点。

2015 年，苏宁集团在总部所在地南京建成了一个全球最大的物流中心。该物流中心占地 20 万平方米，是京东"亚洲一号"仓库的两倍。这个物流中心可包含 150 万库存量单位（SKU）、20 000 万件商品，日发货量约为 181 万件。

## （三）新型电子商务物流末端解决方案频现

被誉为"互联网革命最伟大的思考者"的克莱·舍基（Clay Shirky）在其著作《认知盈余——自由时间的力量》中提到，这个世界上的众多"闲人"聚集在一起所贡献出来的资源力量和智慧力量累积起来将产生惊人的爆发力。我们从累积的自由时间这个概念中认识到盈余将带来前所未有的能够为彼此创造的机会。

电子商务物流众包模式便是抓住源于服务的盈余红利，充分激励与利用众人的盈余力量，为自身打造更为高效的物流服务。美国与日本等国家在公路运输行业拥有健全的诚信体系，其电子商务物流众包平台模式已经成熟。我国电子商务物流众包如今也逐渐崛起，通过合理利用社会的闲置资源，从而低成本、高效率地解决最后一公里的配送难题。

2016 年，物流众包平台"达达"与京东集团旗下 O2O 子集团"京东到家"

合并一事达成最终协议。众包物流平台将整合原有达达和京东到家的电子商务物流众包体系，并继续使用"达达"品牌。除了京东到家以外，达达依然为国内其他零售、服务以及O2O企业提供规模化、低成本的"最后三公里"物流基础设施服务，在O2O平台方面也将继续沿用"京东到家"品牌，通过与线下商超、零售店和便利店等多种业态合作，继续发展超市和生鲜领域。京东的电子商务物流众包平台"京东到家"于2015年正式上线后发展迅速，截至2016年，京东众包已覆盖了北京、上海、天津、成都等21个城市，配送人员突破了50万人，为所覆盖城市的消费者带来更加便捷、高效的上门配送服务。

电子商务物流众包作为互联网的创新应用和尝试，已经得到了投资方以及社会的认可，监管部门也可能为了适应这一新业态而创新监管方式，让分享经济更好地服务于消费者。

电子商务物流众包模式有效解决了生鲜类货物的最后一公里配送难题，而快递智能储存柜也逐渐被消费者所接受，成为电子商务物流末端解决方案的最佳选择。相关数据显示，全国快递业务量每天平均7 000多万件，以7亿城镇常住人口计算，相当于10人中就会有1件快递。由于现代人们的居住方式多以高层住宅为主，工作时间与投递时间相互冲突，单靠投递员用传统的人工递送方式将大量的包裹逐个投送到每位客户手上，需要耗费巨大的人力、物力，快递智能储存柜有效地解决了这一物流末端配送难题。

2015年6月6日，顺丰、申通、中通、韵达、普洛斯联合发布公告，共同投资创建深圳市丰巢网络技术有限公司（以下简称"丰巢"），致力于研发运营面向所有快递公司、电商物流的24小时自助开放平台——丰巢智能快递柜，以提供体验最佳的平台化快递收寄交互业务。丰巢初期投资5亿元，企业在国内共拥有超过87 000个服务网点，85万名一线配送人员每日递送全国50%以上的快递。丰巢智能快递柜在强有力的资金支持下快速进驻，加速完成我国33个重点城市过万网点的布局，并与地产、物业核心企业深度合作，共同打造"互联网＋"政策基础上的新型智能快递柜服务市场。目前，丰巢智能快递柜产品设计已覆盖物流快递、社区服务、广告媒介等领域，并通过移动终端实现自助操作和安全保障。丰巢官方表示，丰巢的创立见证了巨头整合生态圈资源在物流新市场、未来应用和服务方面的共同兴趣。

电子商务物流最后一公里难题在物流众包模式以及智能储存柜的协助下得到一定程度的缓解，未来会有更多的物流末端解决方案出现，电子商务物流的发展之路依然长远。

## （四）高新技术在电子商务物流领域出现

顺丰已经在珠三角地区发力，以每天500架次的飞行密度，力推在山区、偏远乡村等农村市场的无人机速递业务。在顺丰推动的无人机快递模式中，采用的是一套系统化的飞行调度系统，由全天候飞行器、远程调度系统、地面收发站点和第三方（民航监管部门）等组成。当无人机收发站点接到飞行任务后，快递员将装有快递的无人机放入指定位置，通过巴枪扫描确认航班信息，无人机校对信息无误后自动起飞。同时，无人机停在指定位置后，另一名收件员用巴枪扫描确认航班到达，无人机会自动返回。目前，顺丰无人机试点航线包括山区、大型湖泊水库、偏远乡村等，在珠三角地区收集前期的实地飞行数据，为将来整体运营、调度系统的搭建提供数据支撑。通过这种方式，顺丰组建起了一张规模庞大的无人机运送网络，会大幅度提升在偏远地区、农村市场的物流运输能力，缩短快递派送时间。

# 参考文献

[1] 谢科进，吴进红．国际贸易学概论 [M].南京：南京大学出版社，2019.

[2] 于宝琴，陈晓，鲁馨蔓．现代物流技术与应用 [M].重庆：重庆大学出版社，2016.

[3] 许应楠，凌守兴．电子商务与现代物流 [M].北京：人民邮电出版社，2015.

[4] 喆儒，王蕊，李媛媛．国际贸易理论与政策 [M].北京：人民邮电出版社，2011.

[5] 汤冕．铁路现代主要物流形式发展趋势 [J].铁道建筑技术，2021（7）：183–186.

[6] 赖佩琦．新形势下我国国际贸易面临的问题及发展对策研究 [J].上海商业，2021（7）：10–11.

[7] 陈思．新形势下国际贸易的发展趋势研究 [J].现代营销（经营版），2021（7）：180–181.

[8] 陈绮．电子商务环境下物流管理创新发展路径研究 [J].商场现代化，2021（12）：50–52.

[9] 邹鹄擎．探析我国国际贸易的现状问题及应对 [J].中国商论，2021（12）：93–95.

[10] 孔莉．电子商务环境下的国际经济贸易发展 [J].中国产经，2021（11）：128–129.

[11] 朱坤福．电子商务时代的物流发展分析 [J].中国储运，2021（4）：136–137.

[12] 张慧聪．电子商务时代企业物流与供应链管理研究 [J].理财，2021（4）：51–52.

[13] 张云霞 . 国际贸易环境下物流管理存在的问题与对策 [J]. 现代商业，2020（15）：62-63.

[14] 侯源泽 . 国际物流发展对国际贸易的影响与应对 [J]. 企业科技与发展，2020（5）：18-19.

[15] 张翅 . 四川省现代物流与国际贸易研究 [J]. 合作经济与科技，2019（13）：123-125.

[16] 李嘉豪 . 浅析国际贸易物流发展的现状、问题与对策 [J]. 现代营销（经营版），2019（5）：39.

[17] 唐雨琛 . 新环境下我国国际物流与国际贸易影响关系解析 [J]. 商场现代化，2019（3）：80-81.

[18] 郑红玲 . 中国国际贸易发展对产业升级影响的实证研究 [D]. 沈阳：辽宁大学，2019.

[19] 郝璐 . 中国国际贸易制度研究 [D]. 长春：吉林大学，2017.

[20] 曾倩琳 . 信息化与物流产业融合发展的研究 [D]. 福州：福州大学，2017.

[21] 郑小碧 . 职业贸易中间商、国际贸易方式演进与经济发展 [D]. 杭州：浙江工业大学，2015.

[22] 高秀丽 . 物流业与区域经济协调发展研究 [D]. 广州：华南理工大学，2013.

[23] 朱长征 . 国际陆港作用机理与布局规划理论研究 [D]. 西安：长安大学，2010.

[24] 庞燕 . 我国中部地区国际物流运作模式研究 [D]. 长沙：中南林业科技大学，2007.

[25] 刘素月 . 物流产业分工促进国际贸易发展的理论及经验研究 [D]. 长沙：湖南大学，2006.

[26] 马天山 . 我国物流业发展战略研究 [D]. 西安：长安大学，2005.

[27] 林建清 . 现代航运物流系统的整合研究 [D]. 上海：华东师范大学，2003.